ro
ro
ro

D1666739

Jeder ist mal unordentlich, bei den meisten von uns sammelt sich über die Jahre so einiges an, was eigentlich gar nicht mehr gebraucht wird. Das muss uns nicht besorgt machen, geschweige denn, dass wir auf dem Weg zum Messie wären. Andererseits: Viele haben bereits ein Problem, ohne es wahrzunehmen, und viele andere sind durchaus unzufrieden mit dem Zustand ihres direkten Umfelds, leiden an ihrer Unordnung, können nichts wegwerfen, schauen gelähmt zu, wie eine gewisse Verwahrlosung sich in ihre Wohnung einschleicht – die Übergänge sind fließend.

Für solche Menschen im Übergang ist dieses Buch gedacht. Für Menschen mit einem gewissen Leidensdruck (Schätzungen sprechen von bis zu 3 Millionen Deutschen), ihre Angehörigen oder Freunde, aber auch für Fachleute, die Genaueres über das Thema wissen möchten. Sabina Hirtz hilft anhand einer Reihe unterschiedlicher Fallgeschichten und von einigen klaren Kriterien dabei, sich selbst einzuschätzen: Bin ich noch auf der Seite unbedenklicher Unordnung und Sammelleidenschaft, oder ist bereits eine Grenze überschritten, und wo und wie finde ich dann Hilfe?

Sabina Hirtz lebt und arbeitet als Heilpraktikerin für Psychotherapie im Hamburger Umland. Sie ist seit vielen Jahren auf das Messie-Syndrom spezialisiert und hat zwei TV-Formate zu dem Thema moderiert («Das Messie-Team», «Teenager in Not»). In ihrer Freizeit ist sie Sängerin der Heavy-Metal-Band «Holy Moses».

Carsten Tergast ist freier Journalist, Texter und Autor. Nach einer Ausbildung zum Sortimentsbuchhändler studierte er Germanistik und Medienwissenschaft, war von 2000 bis 2005 Redakteur bei der Zeitschrift *BuchMarkt* und ist seitdem frei tätig. Er lebt in Leer.

SABINA HIRTZ

MIT CARSTEN TERGAST

DER
MESSIE
IN UNS

WIE WIR
WOHNUNG
UND SEELE
ENTRÜMPELN

Rowohlt Taschenbuch
Verlag

Originalausgabe
Veröffentlicht im Rowohlt Taschenbuch Verlag,
Reinbek bei Hamburg, Januar 2017
Copyright © 2017 by Rowohlt Verlag GmbH,
Reinbek bei Hamburg
Umschlaggestaltung ZERO Werbeagentur, München
Satz Dolly, InDesign
Gesamtherstellung CPI books GmbH, Leck, Germany
ISBN 978 3 499 63137 5

INHALT

VORWORT

Ordnung ist das halbe Leben. Wer diesen Spruch hört, darf sich mit Fug und Recht fragen, was denn dann die andere Hälfte ist. Chaos? Kreatives Chaos gar? Ein wirres Durcheinander, das unser Leben bedroht? Oder doch die Chance auf Selbstverwirklichung ohne starres Korsett durch Regeln und Vorschriften?

Für Menschen, die unter dem Messie-Phänomen leiden, gilt das nicht mehr. Sie haben die Wahl des ihnen gemäßen Lebensstils irgendwann verloren. Unordnung bestimmt ihr Leben. Das Chaos, oft Schmutz und ein nicht mehr zu bewältigendes Durcheinander.

Nachdem die Sonderschulpädagogin Sandra Felton 1985 den Begriff «Messie» prägte, ist er so selbstverständlich in unseren Alltags-Wortschatz eingegangen, dass wir uns kaum noch Gedanken über die Hintergründe machen. Wir verwenden den Begriff – ähnlich übrigens wie beim «Mobbing» – gern im übertragenen Sinn und verniedlichen ihn damit aber auch; mit dem Phänomen im eigentlichen Sinn möchten wir lieber nicht zu tun haben.

Dabei kann durch ungünstige Lebensumstände durchaus jeder betroffen sein. Wann haben Sie das letzte Mal Unterlagen auf dem Schreibtisch einfach auf einen Haufen gelegt, anstatt sie gleich in die vorhandenen Ordner zu sortieren? Gibt es bei Ihnen diese Stapel, die schon lange nach Bearbeitung rufen? Wie sieht es auf Ihrem PC aus; finden Sie noch wieder, was Sie dort alles abgespeichert haben; finden Sie noch durch? Geht es Ihnen noch gut damit?

Bei den meisten von uns gibt es diverse Formen der Unordnung, die uns deshalb nicht gleich zu Messies machen. Lassen wir es jedoch zu, dass die Unordnung Oberhand gewinnt, so kann das der erste Schritt auf dem Weg zu einem «echten» Messietum sein.

Dieses Buch soll niemandem Angst machen. Ich möchte keine Verhaltensweisen pathologisieren, mit denen die meisten Menschen gut klarkommen. Den Eindruck jedoch, den ein immer stärkeres Abgleiten in die Unordnung erzeugt, den kennen viele von uns.

Ich gehe der Frage nach, welche Zusammenhänge es zwischen innerer und äußerer Ordnung gibt, wie also unsere Psyche, unser Seelenleben, unsere Handlungsroutinen beeinflusst. Ich ergründe, wann und wieso man ein Messie-Problem attestieren muss und welche Auswege es gibt. Ich schreibe in diesem Buch also letztlich über uns alle, über Sie und auch über mich. Ich werde etwas zum theoretischen Hintergrund des Messie-Phänomens erläutern, aber auch zeigen, wie wir Messie-Tendenzen in unserem Leben entgegenwirken können.

Seit ich denken kann, liegt mir die Arbeit mit anderen Menschen am Herzen. Deshalb habe ich mich vermutlich auch zur Heilpraktikerin für Psychotherapie ausbilden lassen, mit einer Reihe von zusätzlichen Qualifikationen, die im Folgenden hier und da eine Rolle spielen werden. Irgendwann hat sich in meiner Praxis ein Schwerpunkt in der Arbeit mit sogenannten Messies ergeben. Die Erfahrungen, die ich dabei sammeln konnte, habe ich in eine TV-Doku-Serie («Das Messie-Team») eingebracht, und jetzt gebe ich sie in diesem Buch weiter.

Dazu gibt es immer wieder Alltagsbeispiele aus meiner Praxis. Sie sind natürlich gründlich anonymisiert worden; wenn sich jemand wiedererkennt, dann nur, weil er Verhaltensmuster wiedererkennt. Doch nichts davon ist erfunden oder zugespitzt. Die Beispiele im Buch zeigen, dass es den «typischen» Messie gar nicht gibt. Und dass ganz alltägliche Situationen dafür sorgen können, in dieses Problem hineinzurutschen. Denn passieren kann es jeder und jedem. Deshalb ist dieses Buch auch dazu da, Ihnen Hilfen an die Hand zu geben, falls Sie sich darüber klarwerden möchten, wie aufgeräumt Sie sich gerade fühlen. Im halben oder im ganzen Leben.

Sabina Hirtz, August 2016

CHAOS

Ich bin erschüttert. Als ich in das Haus komme, empfängt mich ein bestialischer Geruch. Normales Gehen ist auf dem von Müll übersäten Boden nicht möglich. Ich stakse vorsichtig durch die Mengen von Kartons, Verpackungen, Schalen, in denen Essensreste gammeln, Gläsern und Flaschen. Einen Raum nach dem anderen nehme ich in Augenschein, überall das gleiche Bild. Objektiv gesehen ist das hier kein Wohnhaus mehr, es ist eine Müllkippe.

Eine Müllkippe, in der ein Mensch wohnt.

Dieser Mensch steht jetzt neben mir und schaut unsicher auf das Chaos. Ich spüre, dass er nach Erklärungen sucht, nach Entschuldigungen. Vielleicht würde er am liebsten weglaufen, doch dazu fehlt ihm mittlerweile die Kraft.

Szenen wie diese würden die meisten Menschen wohl als abstoßend empfinden und spontan die betroffenen Menschen verurteilen. Szenen, die Menschen schockieren, und für viele ist kaum vorstellbar, wie es so weit kommen kann.

Solche schweren Fälle bekomme natürlich auch ich nicht jeden Tag zu sehen; es sind jedoch Fälle, die in meiner TV-Sendung «Das Messie-Team» verdeutlichen, wie schlimm dieses Phänomen werden kann, wenn den betroffenen Menschen die notwendige therapeutische Betreuung fehlt.

What a mess(ie)!

«Messie» ist mittlerweile ein geflügeltes Wort. Es hat sich verselbständigt, und wir neigen dazu, leichtfertig unordentliche Menschen als Messie zu bezeichnen, um zum Ausdruck zu bringen, dass uns ihre Unordentlichkeit stört.

Das ist ein Grund, warum ich bei den Vorüberlegungen zu diesem Buch am liebsten auf das M-Wort im Titel verzichtet hätte. Ich verwende es aber dennoch, weil es trotz aller Unschärfe ein so sprechendes und auch geläufiges Wort ist, dass jeder etwas damit anfangen kann. Da die Übergänge von der unbedenklichen Unordentlichkeit zum pathologischen Messie-Phänomen durchaus fließend sind, ist es sinnvoll, zunächst einmal von diesem Wort auszugehen, auch um schließlich zeigen zu können, wie wir künftig anders über dieses Phänomen sprechen können.

Meine erste Begegnung mit dem Messie-Phänomen hatte ich durch meinen ersten Manager in der Musikszene.

Seit meiner Jugend mache ich Musik. Allerdings weniger Musik, die sich für Betriebsfeiern, Hochzeiten oder einen ruhigen Abend daheim eignet, sondern sehr, sehr laute Musik. Ich bin seit 35 Jahren Sängerin der Thrash-Metal-Band «Holy Moses», die mittlerweile zu den Urgesteinen des Genres gehört. Thrash-Metal ist in etwa das, wonach es klingt. Ehrliche, harte, laute Musik, wenn auch nicht wirklich massenkompatibel.

Sein Name war Uli. Er war damals eine echte Nummer im Musikbusiness. Er hat beispielsweise Nena in ihrer ganz frühen Zeit gemanagt, ebenso andere Größen der Neuen Deutschen Welle. Außerdem war er zu jener Zeit Herausgeber der «Aachener Illustrierten», einer regionalen Zeitschrift, für die er ein Interview mit der Band machen wollte, die ihn bereits längere Zeit interessierte. Darüber hinaus wollte er einiges über meine Moderatorentätigkeit beim TV-Metal-Magazin «Mosh» bei RTL wissen.

Wir trafen uns zum ersten Interview in einem thailändischen Restaurant, und auch danach fanden unsere Gespräche erst einmal an öffentlichen Orten statt. Wir lernten uns besser kennen und merkten recht schnell, dass Uli der Band einiges geben konnte. Schließlich wurde er unser Manager, und zu diesem Zeitpunkt betrat ich zum ersten Mal seine Wohnung. Er lebte damals in einer 2-Zimmer-Wohnung kurz hinter der deutsch-niederländischen Grenze. Sie war einerseits faszinierend, ließ sie doch keinen Zweifel darüber zu, wer hier wohnte. LP reihte sich an LP, eine unüberschaubare Zahl an Schallplatten, dazu Zeitungsausschnitte über Bands, Festivals, Konzerte und Aktenordner voll mit weiterem Material über die Musikbranche.

Andererseits spürte ich, dass hier etwas im Argen lag. Die Aktenordner waren nicht nur voll, sie quollen über. Darüber hinaus lagen unsortierte Ausschnitte und Unterlagen in der Wohnung herum, und ich hatte nicht das Gefühl, dass Uli sich zeitnah daranmachen wollte, sie wegzusortieren oder vielleicht sogar das eine oder andere Überflüssige zu entsorgen. Auffällig war auch, dass in ganz vielen Plattenhüllen die falschen Platten steckten. So konnte man durchaus eine vermeintliche Beatles-Platte aus dem Schrank ziehen und hatte plötzlich eine Stones-Scheibe in der Hand.

In der nächsten Zeit managte Uli Holy Moses. Er kannte

Gott und die Welt in der Musikbranche und unterstützte die Band bei der Promotion, wo er nur konnte.

Mit seinem riesigen Fachwissen war er uns eine große Hilfe. Die Ordnung dieses immensen Wissens indes war ein ernst zu nehmendes Problem. Sowohl das Büro als auch die Wohnung stellte er immer weiter mit allen möglichen Aktenordnern, Platten, Demotapes und anderen Dingen voll. Auf den Punkt gebracht: Uli, unser Manager, war der erste Messie, dem ich begegnete, bei dem mir das volle Ausmaß dieses Phänomens nach und nach bewusst wurde. Bei dem mir auch bewusst wurde, dass Menschen, die darunter leiden, geholfen werden muss, dass man sie nicht alleine lassen darf. Und ich ahnte wohl auch damals schon, lange vor meiner Ausbildung zur Hypnosetherapeutin, dass die Ursache für die scheinbar chronische Unordnung nicht einfach nur irgendeine Unfähigkeit zum Aufräumen war, sondern sehr viel tiefer im Inneren liegen musste.

GIBT ES ÜBERHAUPT MESSIES, UND WENN JA: WIESO?

Die Begegnung mit Uli war also gewissermaßen mein Einstieg in die Messie-Welt, ohne dass ich das damals schon wissen konnte. Warum sich dieses Phänomen über all die Jahre zum Schwerpunkt meiner therapeutischen Tätigkeit entwickelt hat, lässt sich leicht erklären.

Es hat damit zu tun, dass es bei dem Messie-Phänomen nur oberflächlich betrachtet um Schwierigkeiten mit dem Aufräumen und Ordnunghalten geht. Die Unordnung, das Chaos bis hin zu völlig vermüllten Wohnungen oder sogar Häusern, ist nur die äußere Erscheinungsform einer tief in der Seele des einzelnen Menschen liegenden Unordnung. Die Hintergründe sind vielfältig, und ich werde sie in diesem Buch in einer Mischung aus Fallbeispielen und fachlichen Erläuterungen erklären. Dabei ersetzt dieses Buch keine Therapie! Wer ernsthaft vom Messie-Phänomen betroffen ist, wird nicht nach der Lektüre geheilt sein. Es bedarf zum Teil jahrelanger professioneller Begleitung, um dorthin zu gelangen, wo unsere Seele die Auslöser für das Messie-Phänomen versteckt hat.

Gleichwohl ist dieses Buch für eine breite Leserschaft gedacht, nämlich sowohl für alle, die sich unsicher sind, ob oder wie sehr sie bereits Messie sind, als auch für Angehörige,

Freunde und Bekannte. Darüber hinaus sind auch ganz unabhängig von der Messie-Problematik alle Leser herzlich eingeladen, die mehr darüber wissen wollen, wie man die Seele entrümpeln kann. Nicht jede seelische Belastung äußert sich letztlich über ein Messie-Verhalten; die hier beschriebenen psychotherapeutischen Methoden eignen sich auch in anderen Fällen, um die Wunden der Seele zu behandeln.

SANDRA FELTON: DIE MUTTER DES BEGRIFFS

Die Idee, das Messie-Phänomen als eigenständiges Krankheitsbild zu beschreiben, ist relativ jung. 1985 stellte die Sonderschulpädagogin Sandra Felton eine eigenartige «Macke» an sich selbst fest: Sie, die in ihrem Job überaus ordentlich, strukturiert und organisiert arbeitete, schaffte es in ihrem Privatleben immer weniger, Ordnung zu halten und das Privatleben ebenfalls zu strukturieren. Im Büro, so erzählt es Felton im Rückblick, habe man sie gerade wegen ihres Talents zur Organisation sehr geschätzt, darüber hinaus sei für den Beruf der Sonderschulpädagogin besonders viel Strukturierung erforderlich gewesen, um der vielfältigen Anforderungen Herr zu werden.

Und daheim: Immer mehr Chaos und bald schon eine handfeste Ehekrise. Feltons Mann stellte sie vor die Wahl: Es muss etwas passieren oder ich gehe. Doch Feltons Ehe hielt, ihre drei Kinder mussten nicht auf den Vater verzichten, weil sie in der Lage war, ihr eigenes Problem zu analysieren und konstruktiv anzugehen.

Felton ging, wie ich es heute nennen würde, «in die Struktur». Sie schuf sich Strukturhilfen, um Ordnung in das heimische Chaos zu bringen. Sie traf damit eine Wahl, was banal klingt, tatsächlich aber sehr wichtig ist, weshalb ich es an anderer Stelle noch ausführlich erklären werde.

Das ist eine Vorgehensweise, die nicht bei jedem Messie funktioniert. Genauer gesagt: Sie funktioniert dann, wenn das Messie-Phänomen aus der ganz konkreten Lebenssituation heraus entsteht, wenn also keine tiefliegenden psychischen Ursachen dahinterstecken, sondern «nur» eine partielle Überforderung, wie sie bei Felton durch die hohen Ansprüche im Job und ihre zeitliche Inanspruchnahme insgesamt ausgelöst worden waren. Sie funktioniert auch dann, wenn psychische Ursachen erforscht und therapiert wurden, um wieder Grund in das häusliche Chaos zu bekommen.

Bei vielen Menschen jedoch führen die gerade auch von Angehörigen häufig vorgebrachten Vorschläge, wie man durch einfaches Strukturieren Ordnung schaffen könne, nur zu noch mehr Stress und Abwehrhaltung und in der Folge zu noch mehr Chaos. Dann liegen die Gründe für das Messie-Phänomen wesentlich tiefer und müssen auch entsprechend behandelt werden.

Sandra Felton schaffte es über einen langen Zeitraum, ihr Leben zu verändern. Sie gründete eine Selbsthilfegruppe und nutzte diese Erfahrung produktiv, um ihre Erkenntnisse in mehreren Büchern zu verarbeiten. Dabei entstand der Begriff «Messie», der heute fast schon sprichwörtlich ist. Sandra war die Erste, die die Gefahren und das latent Pathologische in übergroßer Unordnung nicht nur erkannte, sondern systematisch bearbeitete.

An ihrer Person lässt sich auch erkennen: Das Messie-Phänomen ist nicht auf eine bestimmte soziale Schicht begrenzt. Die Assoziation von «unordentlich» und «auf niedrigem Bildungsstand» greift daneben. Messies gibt es quer durch alle sozialen Schichten. Allerdings führt ein unbehandeltes Messie-Phänomen häufig zu sozialem Abstieg, weil das eigene Leben aus den Fugen gerät, Freunde und Bekannte sich abwenden und nicht selten auch berufliche Konsequenzen bis hin zum Jobverlust folgen.

Zu mir in die Praxis kommen in der Regel Menschen, die es nicht, wie Sandra Felton, über Strukturhilfen schaffen, dem Chaos etwas entgegenzusetzen. Entsprechend bin ich auch kein Aufräumcoach. Es ist zwar oft Teil meiner Therapie, Hilfestellungen beim eigentlichen Vorgang des Aufräumens zu leisten, doch steht dieser Teil immer erst am Ende, wenn die Ursachen des Phänomens erfolgreich behandelt wurden. Deshalb hat der Untertitel dieses Buches auch einen tieferen Sinn: Die Wohnung können Messies erst dann nachhaltig entrümpeln, wenn sie die tief in ihrer Seele liegenden Probleme bearbeitet haben. Ein einfaches «Räum endlich auf!» oder «Schmeiß doch die Sachen endlich weg!» von außen kann für echte Messies fatale Auswirkungen haben, weil niemand versteht, dass es bei ihnen nicht um das Nichtaufräumen-Wollen, sondern tatsächlich um ein Nicht-aufräumen-Können geht.

In Deutschland wird bis heute nicht offen über die Messie-Problematik gesprochen. Auch das hoffe ich mit diesem

Buch aufbrechen zu können. Menschen, die unter diesem Phänomen leiden, werden belächelt oder als schlampig und chaotisch abqualifiziert. Wer in einem kreativen Job arbeitet, hat meist bei seinen Mitmenschen eine höhere Toleranzschwelle, weil es ja das geflügelte Wort vom «kreativen Chaos» gibt, aus dem Gutes entsteht. Ein Bankangestellter, dessen Wohnung in der Unordnung versinkt, hat da mit weniger Nachsicht zu rechnen; immerhin hat schon sein Beruf viel mit Ordnung und Struktur zu tun, die Zahlen im täglichen Geschäft müssen schließlich stimmen.

Gerade weil so wenig konkret über die Problematik gesprochen wird, gibt es eine große Zahl von Klischees, Vorurteilen und vollkommen falschen Vorstellungen darüber, worum es beim Messie-Phänomen geht. Schon der Fakt, dass nur schwer an wirklich aussagekräftiges statistisches Material zu kommen ist, weist auf die mangelnde Auseinandersetzung mit dem Thema hin. Vorsichtige Schätzungen gehen von mindestens einer Million betroffenen Menschen in Deutschland aus, etwas mutigere sprechen von bis zu drei Millionen, und wie immer wird die Wahrheit irgendwo in der Mitte liegen. Wenn aber tatsächlich eine siebenstellige Zahl an Menschen in diesem Land ernsthaft von dem Phänomen betroffen ist, dann ist es umso seltsamer, dass man sich nur sporadisch damit auseinandersetzt.

Natürlich liegt das, wie bei allen psychischen Vorgängen, auch daran, dass die eigentlichen Ursachen des Problems nicht zu sehen sind. Anders als bei einem Beinbruch oder organischen Veränderungen im Körper, die man heute mit bildgebenden Verfahren sichtbar machen kann, liegen Verschiebungen in unserer Psyche im Dunkeln. Der Betroffene spürt sie, während er nach außen für seine Umwelt zunächst vollkommen normal wirkt. Die Außenstehenden sehen allenfalls die Symptome: Unordnung, Chaos bis hin zur totalen Vermüllung. Über eine symptomatische Herangehensweise im Sinne etwa des bereits erwähnten Aufräumcoachings wird man aber selten an die Wurzel des Problems kommen.

Eine Fokussierung auf bloße Hilfen beim Aufräumen kann schon deshalb nicht funktionieren, weil das Messie-Phänomen keinesfalls eindimensional ist. Es gibt die unterschiedlichsten Ausprägungen von Messies. Das Ansammeln von mehr und mehr Müll in der Wohnung ist nur die markanteste Form, die man am einfachsten erkennt und die auch für Außenstehende konkrete Probleme verursacht. Weitere Formen, von denen ich einige an anderer Stelle näher erläutern werde, sind beispielsweise der Zeit-Messie, der Cyber-Messie, der Alters-Messie oder auch der Messie, der nichts vermüllt und im Chaos versinken lässt, sondern im Gegenteil zwanghaft Ordnung hält. Eine Ordnungsliebe allerdings, die nicht hilft, sondern Probleme bereitet. Dies ist übrigens eines der wichtigsten Kriterien bei der Beurteilung, ob jemand Hilfe braucht oder nicht: Gibt es ein Problem?

Generell kann jeder sich selbst ein paar Fragen stellen, um erste Hinweise auf ein vorliegendes Problem zu bekommen. Solche Fragen sind beispielsweise:

1. Haben Sie das Gefühl, dass Ihre Unordnung größere Probleme bei der Bewältigung des Alltags verursacht?

Beispiele: Sie wollen Daten auf einen USB-Stick packen und wissen ganz genau, dass Sie schon um die fünf Stück haben; Sie können aber keinen finden und müssen los und einen neuen kaufen. Das kostet jetzt Geld und vor allem Zeit; Zeit, die vielleicht für etwas anderes wichtig gewesen wäre, etwa das Aufräumen der Küche.

Sie wollen sich von den alten VHS-Videokassetten trennen. Aber dann fällt Ihnen ein, dass Sie mit dem alten VHS-Recorder ja immer gut umgehen konnten und Kassetten immer schwieriger zu bekommen sind. Sie beschließen, die Kassetten erst einmal zu behalten, obwohl Sie sie eigentlich gar nicht mehr benutzen.

Sie wollen Kleidung aussortieren. Die Jacke passt nicht mehr und hat ein kleines Loch an einer unsichtbaren Stelle. Dann überlegen Sie: Vielleicht kann man das ja noch stopfen und vielleicht passe ich da ja später wieder hinein; und überhaupt kann es sein, dass ich sie noch mal brauche, wenn ich mir keine neue leisten kann. Also wird sie doch verwahrt. Oder sie landet auf dem Stapel der zu flickenden Sachen, die nie geflickt werden. Sie kaufen womöglich eine Nähmaschine, die dann doch nie benutzt wird.

Kennen Sie das oder ähnliche Situationen? Wenn ja, dann könnte ein Problem vorliegen.

2. Wie fühlen Sie sich in der eigenen Wohnung?

Haben Sie zu viele Dinge in einem Raum, erfordern Ihre Lebensumstände immer mehr Raum? Sie hören beispielsweise sehr gerne Musik und schauen gerne Filme. Sie haben Ihre Sammlungen gerne griffbereit im Schrank stehen. Mittlerweile haben Sie aber so viele CDs und Filme, dass sie sich stapeln, auch neben den Regalen. Sie müssen ja alles noch einsortieren, nach Namen oder Musikrichtung. Dazu ist aber ein neues Regal notwendig. Das muss gekauft und aufgebaut werden. Dazu fehlt die Zeit, also werden erst mal Stapel im Wohnzimmer, im Flur, in der Küche oder im Schlafzimmer angelegt. Dies kann genauso für Bücher gelten. Spüren Sie einmal nach, wann Sie das letzte Mal so richtig Luft holen konnten in Ihrer eigenen Wohnung. Und wann Sie ohne das Wegräumen von Stapeln durchsaugen konnten. Oder saugen und putzen Sie immer an Stapeln vorbei oder haben sogar schon keine Lust mehr zu saugen, weil es sowieso nie sauber wird rund um die Stapel? Fühlt sich Ihr Zuhause so an, als könnte es selber nicht richtig durchatmen?

Wenn Sie dieses Gefühl so oder so ähnlich kennen, dann könnte ein Problem vorliegen.

3. Wie laufen Ihre sozialen Beziehungen?
Haben Sie keine Kraft mehr, sich mit Freunden zu treffen? Sie möchten sich eigentlich nach der Arbeit mit Freunden treffen, haben aber ein schlechtes Gewissen, weil zu Hause noch so viel liegengeblieben ist. Sie gehen dann nach Hause, aber Sie können sich nicht mehr aktivieren. Setzen sich lieber vor den Fernseher und zappen herum, landen dann womöglich sogar bei einem Shopping-Sender, der vorgaukelt, dass dort Freunde sind, die einem etwas empfehlen.

Wenn Sie das oder so ähnlich kennen, dann könnte ein Problem vorliegen.

4. Laden Sie Freunde in Ihre Wohnung ein?
Gerümpel kann Scham verursachen, und womöglich hat sich bei Ihnen schon so viel angesammelt auf Stapeln und in Ecken, dass es total unordentlich ist und Sie erst mal alles wegräumen müssten, damit Sie Freunde einladen können. Im Ernstfall ist Ihr Zuhause nur noch mit großem Aufwand zu reinigen, sodass Sie sich schämen, Leute zu sich einzuladen. Bekommen Sie Panik, wenn jemand unerwartet vor Ihrer Tür steht, sei es der Heizungsableser oder die Nachbarin von nebenan, die Ihnen eigentlich nur ein Päckchen bringen will? Wenn Sie dann die Tür nur einen kleinen Spalt öffnen oder sagen, Sie müssten zu einem wichtigen Termin, nur um niemanden in die Wohnung zu lassen – dann liegt womöglich schon ein ernstes Problem vor.

5. Haben Sie Probleme, Entscheidungen zu treffen und/oder zu Entscheidungen zu stehen?
Mussten Sie schon zusätzliche Kosten beim Flug bezahlen, weil die Koffer zu schwer waren? Denn Sie konnten sich nicht entscheiden, was Sie unbedingt mitnehmen müssen, aber auch getrost zu Hause lassen können? Denn man weiß ja nie, was so alles passieren könnte …?

Oder tun Sie sich schon morgens mit der Frage schwer, ob Sie duschen wollen oder nicht – oder ist das Routine bzw. stellt keine ernsthafte Frage dar? Gut, wenn es so ist. Gut auch, wenn Sie sich ebenfalls keine Gedanken machen, die

Post zu öffnen, egal was Sie da erwartet. Wenn Sie viele Stapel auf dem Schreibtisch haben, aber einfach eine Menge zu tun ist, und Sie die Stapel in der geplanten Zeit strukturiert nacheinander abarbeiten. Dann haben Sie auch kein Problem. Wenn Sie aber, bei all den vielen Sachen, die zu erledigen sind, nicht mehr entscheiden können, wo Sie anfangen sollen, und dann womöglich mit gar nichts anfangen – ja, dann haben Sie ein Problem.

Welches genau und wie ernst? Darauf kann es hier von mir keine Antwort geben. Jedenfalls nicht nach dem Motto, wer dreimal von fünfmal ja sagt, der sei schon ein Messie. Die Fragen sind einzig ein Angebot, einmal in sich zu gehen, sich Ihrer selbst zu vergewissern. Geben Sie sich selbst eine ehrliche Antwort auf die Fragen und notieren Sie sich gerne dazu eigene Stichworte.

Die ehrliche Beantwortung solcher Fragen kann einen ersten Hinweis darauf geben, ob es angebracht ist, einmal mit einem Therapeuten zu sprechen.

Leider haben Messies keine Lobby, Betroffene werden häufig in unwürdiger Weise abgewertet, und bei vielen kommt es tragischerweise nie so weit, dass sie sich Beistand suchen. Ich selbst habe das in meiner früheren Tätigkeit als PPM-Kraft in der ambulanten fachpsychiatrischen Hilfe festgestellt, wenn ich in chaotisch anmutende Wohnungen hineinkam und völlig unglückliche Bewohner vorfand. In den meisten Fällen stellte sich schnell heraus, dass mit einfachen Gesprächen und Hinweisen den Problemen nicht beizukommen war. Die Missachtung dieses Leids mitzuerleben erhöhte bereits

damals meine Aufmerksamkeit für die beobachteten Phäno-
mene. Auch dies war neben dem geschilderten Erlebnis mit
meinem Manager einer der Auslöser für meine intensivere
Beschäftigung mit der Thematik. Immer wieder erlebte ich
Situationen, die dringend nach einer Lösung verlangten, für
die sich aber niemand wirklich zu interessieren schien. Die
Betroffenen fragten mich direkt: «Was kann ich machen?
Ich bin so hilflos!» Ich selbst war zu Beginn überfragt und
wusste nicht auf alles eine Antwort. Aus dieser Situation
heraus traf ich die Wahl, mich näher und intensiver mit dem
Thema zu beschäftigen.

Mir war also schnell klar, dass Antworten notwendig
waren und dass ich selbst gefordert sein würde, solche Antworten zu finden. Dass ich mich aufmachen musste, für
diese Menschen nach Lösungen zu suchen.

INNERES CHAOS – ÄUSSERES CHAOS

Oberflächlich gesprochen kann man sagen: Jemand, in dessen Innerem Durcheinander herrscht, wird auch in seiner
Lebensgestaltung Mühe haben, eine Struktur zu finden, die
ihn problemlos durch den Alltag kommen lässt. Das innere
Chaos gebiert das äußere Chaos.

Menschen, deren Psyche aus dem Gleichgewicht geraten
ist, haben dann Schwierigkeiten, Entscheidungen zu treffen. Und zwar von den kleinsten Entschlüssen bis hin zu
den großen Weichenstellungen im Leben. Welchen Pullover
ziehe ich morgens an? Gehe ich duschen oder nicht? Sauge

ich Staub, räume ich den Tisch ab oder doch nicht? Gehe ich einkaufen? Gehe ich überhaupt irgendwohin? Solche Entscheidungen zu treffen klingt banal, sie sind aber genauso schwer zu treffen wie die großen: Kaufe ich das Haus oder nicht? Brauche ich ein neues Auto oder nicht? Soll ich in eine andere Stadt ziehen, um dort einen Job anzunehmen? Welches Studium ist das richtige für mich?

Hier ist die Keimzelle für das äußere Chaos, die man auf den ersten Blick nicht sieht. Hat ein Messie drei Pullover zur Auswahl aus dem Schrank genommen und sich nach langem Überlegen für einen entschieden, bleiben die anderen beiden häufig irgendwo im Zimmer liegen, anstatt zurückgelegt zu werden. Dies geschieht nicht aus Faulheit, sondern weil die Kraft zum Zurücklegen fehlt.

Entscheidungsschwäche ist ein wichtiger Punkt, und oft hängt damit ein Mangel an Aufmerksamkeit und Konzentration auf das Wesentliche zusammen. Wenn das Leben eines Messies irgendwann zusammenbricht, liegt es häufig auch daran, dass er sich immer weniger in der Lage sieht, sich auf die Erledigung von Dingen zu konzentrieren. Eine Sache anzupacken und sie «einfach» zu Ende zu führen, indem man sich ihr ausschließlich widmet: Es funktioniert ganz einfach nicht mehr, weil das Chaos in der Seele immer wieder dazwischenfunkt. Es wird zu einer für gesunde Menschen unvorstellbaren Belastungsprobe. Unsere heutige digitale Zeit bietet zudem eine dermaßen große Auswahl an schnell verfügbaren Zerstreuungen an, dass labile Menschen in großer Gefahr sind, noch schneller in solche unbewussten Ablenkungsstrategien zu verfallen als früher.

In der Summe führen die Probleme mit Entscheidungen und mit der Konzentration auf das Wesentliche dazu, dass Menschen irgendwann nicht mehr in der Lage sind, auch nur die alltäglichen Dinge zufriedenstellend zu regeln. Dann ist der Punkt erreicht, an dem die Situationen entstehen, die in der öffentlichen Meinung gemeinhin mit dem Messie-Phänomen verbunden werden. Dann fangen einige Menschen an, Höhlen zu bauen und sich in ihnen einzunisten. Die Stapel irgendwelcher Dinge in typischen Messie-Wohnungen haben genau diese Funktion: Sie schotten von der als bedrohlich empfundenen Außenwelt ab und schaffen ein trügerisches Refugium. Ich habe Wohnungen gesehen, in denen große, stattliche Menschen lebten, die inmitten ihrer allgegenwärtigen Stapel einfach verschwanden. Sie waren schlicht nicht mehr zu sehen, und viele von ihnen wünschten sich wohl genau das: zu verschwinden, der Außenwelt in ihrer peinlichen Lage nicht mehr aufzufallen. Ein wenig erinnert das an kleine Kinder, die sich die Augen zuhalten und dann glauben, weil sie selbst nichts mehr sehen, auch für andere unsichtbar zu sein. Auch die Höhlen erinnern an Kinder, die sich ja gerne Höhlen bauen, um sich zurückzuziehen, wenn ihre Umwelt sie überfordert. Im Kindesalter ist dieses Verhalten sehr gesund, bei Erwachsenen jedoch ein deutlicher Hinweis auf seelische Vorgänge, die nicht bewältigt werden können, obwohl die erwachsene Seele eigentlich dazu in der Lage sein müsste. Und tatsächlich findet in diesem Zustand auch eine Art psychische Regression ins Kindesalter statt, da das Führen eines im landläufigen Sinne erwachsenen Lebens zunächst einmal fast unmöglich geworden ist.

Auffällig ist dabei häufig ein Phänomen, das auch Sandra Felton in ihrem weniger schweren Fall schon beobachtet hatte. Viele Messies, bei denen daheim längst alles aus dem Ruder gelaufen ist, sind an ihrem Arbeitsplatz durchaus in der Lage, Ordnung zu halten und strukturiert zu arbeiten. Diese Menschen erleben ihren Alltag in zwei vollständig voneinander getrennten Welten. Dem unauffälligen, «normalen» Leben bei der Arbeit steht das private Chaos gegenüber.

Vor der Therapie die Erkenntnis

Die geschätzt siebenstellige Zahl von Betroffenen scheint vielen Außenstehenden zu hoch gegriffen. Dies liegt unter anderem daran, dass es sich um ein extrem schambehaftetes Thema handelt. Viele Messies finden nie den Weg in eine Therapie oder vertrauen sich auch nur einem nahen Menschen an. Sie igeln sich zu Hause in ihrer Höhle ein und brechen lieber soziale Kontakte ab, als jemandem zu offenbaren, in welcher Lage sie sich befinden. Viele sammeln einfach alle möglichen Sachen in einem Zimmer, machen die Tür zu, sehen das Chaos nicht mehr und verdrängen es. Wenn ein Raum nicht mehr reicht, kommt ein zweiter hinzu, bis die Unordnung zur Vermüllung wird und schließlich die Wohnung überwuchert. Das Chaos bedrängt den Menschen derart, dass er angesichts der psychisch nicht zu bewältigenden Bedrohung immer apathischer wird.

Häufig sind die Menschen kurz vor diesem Zustand, wenn ich sie kennenlerne, weil erst dann der Leidensdruck der Betroffenen, aber auch ihres Umfelds groß genug geworden ist, um professionelle Hilfe aufzusuchen. Viele kommen von selbst, einige brauchen deutliche Anschubser vom Partner oder von guten Freunden.

Und dann sitzen sie bei mir.

Das Wichtigste: die Würde wahren

Dass schon der Gang zum Therapeuten unendlich viel Überwindung gekostet hat, ist mir bei jedem neuen Klienten zutiefst bewusst. Auch aus diesem Grund spreche ich lieber von Klienten als von «Patienten» oder gar «Fällen». Ich versuche, pathologisierende Begriffe, die nur zusätzlich belasten würden, zu vermeiden.

Solche Begriffe sind auch deshalb nicht sinnvoll, weil viele Menschen, die zu mir kommen, sich nicht «krank» fühlen, sondern sich aus dem für sie unbestimmten Gefühl heraus auf den Weg gemacht haben, dass etwas nicht stimmt. Ihr Leben scheint eine falsche Richtung genommen zu haben, ist auf undefinierbare Weise eingeschränkt. Es belastet sie eine Form der Unzufriedenheit, die über ein sporadisches Frustgefühl hinausgeht. Sie äußert sich darin, dass man es möglichst vermeidet, vor die Tür zu gehen, und gleichzeitig das Gefühl hat, gar nicht mehr am Leben teilzunehmen. Man lebt nicht mehr selbst, sondern schaut nur noch anderen dabei zu. Und fühlt sich außerstande, etwas dagegen zu unternehmen.

Es geht also nicht um Krankheit im Sinne eines klar lokalisierbaren Symptoms, dem medikamentös beizukommen wäre. Es geht um etwas ganz anderes: Es geht um die Würde des Menschen.

Nicht umsonst hat der Satz «Die Würde des Menschen ist unantastbar» in unserem Grundgesetz den höchsten Stellenwert. Er verweist auf etwas, das jeder Beschäftigung mit Abweichungen von welchen Normen auch immer vorausgehen muss: das Bewusstsein, dass jeder Mensch ein Recht darauf hat, in seiner Individualität, in seinem ganz eigenen Mensch-Sein angenommen und nicht herabgesetzt zu werden.

Was für einen Sinn hätte es auch, meinen Klienten mit geringer Wertschätzung und Achtung gegenüberzutreten? Oft ist ihr Selbstwertgefühl durch die belastenden Umstände bereits so weit gesunken, dass Selbsthass entstanden ist, der bei manchen sogar Suizidgedanken entstehen lässt.

In dieser Situation ist die Achtung ihrer Würde ein zentraler Bestandteil meines Umgangs mit den Menschen. Mir ist bewusst, dass niemand von ihnen im Chaos versunken ist, weil er keine Lust zum Ordnunghalten hat. Die Menschen, die zu mir kommen, *wollen* ihre Lage ändern, doch sie können es nicht. Sie sind in ihrem Inneren blockiert, und meine Aufgabe ist es, gemeinsam mit jedem Einzelnen die Ursachen für diese Blockade aufzudecken, um sie auflösen zu können. Das ist bisweilen ein jahrelanger Prozess, der mit viel Ruhe und Verständnis begleitet werden muss.

Diese Erkenntnis ist im Übrigen nicht nur wichtig für mich als Therapeutin, sondern sollte für jeden von uns im privaten Bereich eine große Rolle spielen. Wenn Sie im Freundeskreis oder in der Familie Menschen kennen, bei denen Sie das Gefühl haben, hier könnte etwas im Argen liegen, so verlieren Sie nie die Achtung vor diesen Menschen. Auch Kritik kann und sollte immer mit Achtung und Wertschätzung geäußert werden.

Die Verletzungen der Würde dieser Menschen, die sie von außen zu ertragen haben, sind oft massiver Natur. Aus dem weiteren Umfeld, von Kollegen und Bekannten, erfahren sie unterschiedliche negative Reaktionen. Viele berichten, sie würden ausgelacht, man mache sich lustig über den «Chaoten» oder über die «Schlampe». Das nähere Umfeld, Partner, enge Freunde, macht sich in der Regel nicht lustig, sondern reagiert durch die eigene Betroffenheit mit harter Kritik, und auch sie macht häufig vor Beleidigungen nicht halt, die die Würde verletzen.

Daher ist es mir so wichtig, diesen Menschen zu signalisieren, dass ich ihre Würde achte. Dass ich sie nicht als Kranke behandle. Sondern als Menschen, mit denen ich mich auf die Suche mache, warum ihr Leben aus dem Lot geraten ist. Die Antwort suchen und finden wir zusammen, um wieder Freude und Gelassenheit in dieses Leben zu bringen.

DIE ICH-LIEBE WIEDERFINDEN

Die meisten Menschen besitzen einen natürlichen Sammeltrieb. Beim Messie ist die Kontrolle über diesen Sammeltrieb verlorengegangen. Er koppelt sich an die Dinge der äußeren Welt, um nicht auf sich selbst angewiesen zu sein. Das kann zu dramatischen Szenen führen, wenn es etwa so weit gekommen ist, dass eine Räumungsklage gegen einen Messie Erfolg gehabt hat. Lässt der Vermieter dann die Wohnung räumen, so führt diese abrupte Entrümpelung häufig zu Zusammenbrüchen und Psychosen. Für den Vermieter ist es nur Müll, der entsorgt gehört. Für den Messie ist es allerdings der plötzliche Abriss seines Schutzraumes, im wahrsten Sinne des Wortes ein Weltuntergang.

Die Bindung an die äußeren Dinge hängt vor allem damit zusammen, dass die Fülle in der Außenwelt von der Leere in der Innenwelt ablenkt. Ich beobachte das häufig bei neuen Klienten: Wenn sie zum ersten Mal zu mir kommen, haben sie ihre Selbstachtung weitgehend verloren. Ein kleiner Test, der auf den ersten Blick vielleicht lächerlich erscheint, zeigt ganz gut, was in den Menschen vorgeht: Ich gebe den Klienten einen Spiegel in die Hand und fordere sie auf, zehnmal «ich liebe dich» zu ihrem Spiegelbild zu sagen. Die Reaktionen auf diese scheinbar leichte Übung sind intensiv. Viele beginnen nach dem vierten oder fünften «ich liebe dich» zu weinen, andere wieder fangen gar nicht erst an, den Satz zu sagen, sondern schweigen minutenlang, weil sie nicht mehr in der Lage sind, diesen Satz auszusprechen.

Was ich daran und auch an anderen Anzeichen erkenne, ist das fehlende Gefühl für sich selbst. Wenn ich die Klienten beschreiben lasse, was sie fühlen, sagen sie oft: «Da ist nichts.» Dieses «Nichts» ist für die meisten so normal geworden, dass sie sich sogar die Frage stellen, was denn da sein soll. Sogar die Vorstellungskraft, wie es anders sein könnte, ist also verlorengegangen.

Tatsächlich ist die Selbstliebe irgendwo im Inneren unter Verschluss und wird einfach nicht mehr gefühlt. Die Außenwelt hat den Menschen wieder und wieder signalisiert, dass sie nicht liebenswert sind. Das kann mit einer problembehafteten frühkindlichen Entwicklung zu tun haben, etwa mit einer sehr rigiden Erziehung durch die Eltern. Häufig auch sehen wir in der Vergangenheit Mobbing-Fälle in der Schule oder andauernde Abwertungen durch die Eltern und später auch durch Lebenspartner.

Die Selbstachtung, das Selbstbewusstsein, die ganze Ich-Liebe, die wir dringend brauchen, um ein erfülltes Leben zu führen, liegt verschüttet, und es ist eines der Ziele meiner Therapie, die Ich-Liebe wiederzufinden, sie mit neuem Leben zu füllen. Erst wenn dieser Schritt gegangen ist, kann die Trennung von den Dingen beginnen. Erst dann kann auch ich meine Funktion ändern und, je nach Wunsch des Klienten, zusätzlich als Aufräumcoach wirken, um schneller wieder Grund in die vier Wände zu bekommen.

Wer sich selbst nicht mehr liebt, wird auch für andere weniger liebenswert. Dieser simpel klingende Sachverhalt führt bei vielen Messies zu Beziehungsdramen. In einer Art Abwärtsspirale erstirbt dann wegen der fehlenden Ich-Liebe die Liebe des Partners, und das macht es noch schwerer, dem Drama zu entkommen. Allerdings ist der Moment, in dem der Partner sagt: «So kann ich mit dir nicht mehr leben», zugleich immer wieder der Wendepunkt, an dem die Entscheidung zur Therapie fällt. Die Beachtung der Paardynamik oder sogar eine Paartherapie wird dann ebenfalls Bestandteil meiner Arbeit. Je nachdem, in welcher Phase sich der Klient bzw. das Paar befindet, wird sich mein Umgang mit dem Problem in der Therapie unterscheiden. Nicht selten verabrede ich zum Beispiel Einzelsitzungen mit den Partnern der Messies, denn sie haben einen erheblichen Gesprächsbedarf und sind sehr daran interessiert, mit mir zusammen den geliebten Menschen zu helfen. Dabei mache ich immer deutlich, dass es für die Partner vor allem darum geht, die Würde des anderen zu respektieren und nicht durch Achtlosigkeit oder Ärger eine weitere Verschlimmerung der Situation zu riskieren.

Häufig sind auch Kinder mittelbar betroffen. Kinder von Messies erleiden Entwicklungsschäden, weil sie sich ihrer Eltern bzw. eines Elternteils schämen. Sie versuchen, soziale Beziehungen so zu steuern, dass bloß niemand auf die Idee kommt, sie in ihrem Zuhause zu besuchen. In schweren Fällen kann das lebenslange Traumata verursachen. Bei getrennten Paaren stelle ich oft eine zusätzliche Schwierigkeit fest. Da Kinder in der Regel sehr loyal zu ihren Eltern sind, neigen sie dazu, das Verhalten des Messies zu rechtfertigen und zu entschuldigen. Und das bestätigt ihn in seinem Tun. Der Einstieg in eine Therapie ist so noch schwerer zu finden.

WENN DER TOD INS LEBEN TRITT – STEFAN

Dies ist die erste von mehreren Fallgeschichten, mit denen ich konkret zeigen möchte, wie ich arbeite und welche Techniken mir dabei helfen, dem Klienten wieder Zugang zu seinem Inneren zu verschaffen und sich von der Kopplung an die Dinge zu lösen. Selbstverständlich sind alle Personen in diesen Geschichten anonymisiert und ihre Namen geändert worden. Sie sind aber dennoch authentisch und beispielhaft. Ein solches Beispiel ist Stefan, der sich an einem heißen Julitag in der Praxis meldete und um Hilfe bat.

DIE AUSGANGSSITUATION

Stefan war 46 Jahre alt und hatte sich immer als selbständiger Mensch verstanden, der sein Leben im Griff hat. 15 Jahre war er mit seiner Freundin Elke zusammen, als diese, gerade 48-jährig, plötzlich an einem Herzinfarkt starb. Die beiden hatten zusammen einen gut laufenden Secondhand-Comicladen, eine schöne Dreizimmerwohnung und waren glücklich. Doch ihr unerwarteter Tod sollte alles von heute auf morgen verändern.

Seit jenem Tag war Stefan wie gelähmt. Er rührte daheim nichts mehr an. Den Laden hatte er geschlossen. Elkes Sachen waren in der gesamten Wohnung verteilt und lagen exakt so, wie Stefans Freundin sie hinterlassen hatte. «Ich kann die Sachen von

Elke nicht wegschmeißen, denn das wäre Verrat», erzählte er mir traurig bei unserem ersten Treffen.

Auf dem Wohnzimmertisch standen immer noch der mittlerweile stark verstaubte Adventskranz und ihre Kaffeetasse vom Morgen des 1. Dezember, an dem sie starb. In der Tasse hatte sich bereits Schimmel gebildet. Daneben der Aschenbecher mit Zigarettenresten und eine angefangene Zigarette, die Elke nach dem Einkauf für weiteren Adventsschmuck weiterrauchen wollte. Auf dem Bett lagen ihr Nachthemd, Unterwäsche und andere Kleidung. Im Bad standen ihre Kosmetikartikel, alles war verstaubt. Die Zeit war am Todestag einfach stehengeblieben. Stefan brachte es nicht über sich, die Sachen wegzuräumen oder gar zu entsorgen. Er verließ die Wohnung kaum noch, war sozial völlig isoliert und ließ nicht einmal seine Eltern oder Freunde in die Wohnung, aus Angst, jemand könnte etwas verändern.

Stefan selbst lebte nur noch auf der Couch im kleinen Büro in der Wohnung. Im Flur stapelten sich Zeitungen, im Büro Berge ungeöffneter Briefe. Seine Kleidung lag auf dem Boden, die Bettwäsche war seit Monaten nicht gewaschen worden, überall waren leere Bierflaschen, obwohl Stefan früher nie Alkohol getrunken hatte. Auch in der Küche war alles noch so, wie es Elke hinterlassen hatte. Im Kühlschrank schimmelten Lebensmittel. Töpfe, Geschirr und Pfannen standen verdreckt herum. Ungeziefer hatte sich im Müsli und anderen Lebensmitteln breitgemacht.

FREUNDE UND FAMILIE

Stefan war nach dem plötzlichen Tod von Elke in ein tiefes, schwarzes Loch gefallen, wie er selber feststellte, und hatte sich stark verändert. Seine Freunde und Eltern wussten nicht, wie sie ihm helfen sollten. Seine Mutter machte sich große Sorgen, zumal er nicht einmal sie in die Wohnung ließ. Mit seinem Stiefvater, der ihm früher im Comicladen viel geholfen hatte, redete Stefan gar nicht mehr. Elkes beste Freundin, selbst von deren plötzlichem Tod stark betroffen, durfte in Stefans Gegenwart den Namen von Elke nicht mehr aussprechen.

JOB UND WOHNUNG

Stefan stand nun ohne Arbeit da, nachdem er den Comicladen einfach geschlossen hatte. Ohne Umsätze konnte er die Miete nicht mehr zahlen, sodass der Vermieter den Vertrag gekündigt hatte und den Laden zwangsräumen ließ. Doch das alles interessierte Stefan nicht. Sämtliche offiziellen Briefe, die er in dieser Sache bekommen hatte, lagen ungeöffnet im Büro, Stefan hatte einfach nie reagiert, sondern alles über sich ergehen lassen. Seine Eltern hatten schließlich dafür gesorgt, dass er Hartz IV bekam und wenigstens die Wohnungsmiete bezahlt wurde. Doch das Amt erklärte, dass Stefan in eine kleinere Wohnung umziehen müsse, da diese Wohnung für eine Person zu groß und zu teuer sei. Stefan hatte keine Struktur, keinen Tagesplan und wusste nicht mehr weiter. Ein Umzug hätte bedeutet, dass alles von Elke weggeräumt werden müsste. Diese Bedrohung lähmte ihn noch mehr.

DER HILFERUF

Aufgrund der Nachricht, dass das Amt einen Umzug in eine kleinere Wohnung verlangte, rief Stefan auf Drängen seiner 70-jährigen Mutter bei mir in der Praxis an. Er schilderte mir seine Situation und sagte, er habe «überhaupt keinen Plan». Er wisse zwar, dass er aus der Wohnung ausziehen müsse, doch sei er «total antriebslos», obwohl er sich selber einen Neuanfang wünsche.

DIE ERSTEN THERAPEUTISCHEN SCHRITTE

Zunächst galt es für mich herauszufinden, ob Stefan wirklich einen Leidensdruck empfand und sich aus eigenem Antrieb einen Neuanfang wünschte. Es war wichtig, dass Stefan selbst den Schritt zum Erstgespräch in meine Praxis machte. Auf diese Weise verließ er endlich seine Wohnung und bekam nicht das Gefühl, dass ich seine Lebensumstände sofort und radikal ändern wollte.

Schon nach den ersten Minuten merkte ich, dass Stefan sehr gut in der Lage war, seine Situation zu beschreiben. Er war reflektiert, und ich konnte nachvollziehen, dass er früher sein Leben im Griff gehabt haben musste.

Für den zweiten Termin gab ich ihm eine Hausaufgabe: Er sollte einen Lebenslauf mit allen positiven und negativen Erlebnissen schreiben. So konnte ich ihn darauf vorbereiten, sich mit den Ereignissen in seinem Leben zu beschäftigen. Er brachte den Lebenslauf tatsächlich mit, und ich motivierte ihn, mir alles über das Leben mit Elke zu berichten. Reden ist das Wichtigste in der Trauerverarbeitung. Für die nächsten Termine war es dann entscheidend, dass wir über die Trauer offen sprachen, bevor wir uns an die Wohnsituation und ihre Hintergründe machen konnten.

Trauersituationen gehören im Leben eines jeden Menschen zu den schwierigsten Momenten überhaupt. Die meisten von uns setzen sich ungern mit ihrer Sterblichkeit auseinander, sie macht uns Angst unter dem Eindruck des Endgültigen. So passiert es oft, dass Menschen nach einem Todesfall von ihrem Umfeld allein gelassen werden, weil Freunde und Angehörige nicht wissen, wie sie mit den Trauernden umgehen sollen. Diese fühlen sich dann oft unter dem Druck, die Trauer möglichst schnell zu verarbeiten. Manchmal ziehen sie sich komplett zurück, verdrängen und lassen alles, wie es war. Auch Stefan lebte einfach weiter, als würde Elke jeden Moment zur Tür hereinkommen.

In der Therapie ließ ich Stefan seine Geschichte unter *Hypnose** erzählen. Und dadurch wurde klar, dass neben der großen Trauer und Niedergeschlagenheit noch weitere offene Fragen vorhanden waren. Das Warum und viele ungelöste Konflikte traten zutage, und es war nötig, dass Stefan von allem berichtete.

Wir haben leider gelernt, belastende Situationen einfach nur hinzunehmen und auszuhalten. Niemand erklärt uns, dass es nach dem Tod eines geliebten Menschen normal ist, wenn wir uns nicht mehr konzentrieren können, vergesslich sind, appetit- und schlaflos werden, wenn uns unendliche Müdigkeit, innere Lähmung und Schwere überfallen. Dass es normal ist, wenn wir

---

* Begriffe, die beim ersten Auftritt kursiv und mit * markiert sind, werden im Anhang näher erläutert.
Siehe speziell zu Hypnose auch das Kapitel über Hypnose ab S. 149.

versuchen, die Situation vor dem Tod festzuhalten, um dem Verstorbenen nahe zu sein. So war es jetzt von großer Bedeutung, dass Stefan erzählen durfte, wie nah er sich Elke fühlte, wenn alles so liegen blieb wie an ihrem Todestag.

Unter Hypnose konnte Stefan im Nachhinein ein Trauertagebuch führen, das er durch schriftliche Aufzeichnungen zu Hause unterstützte. Wissenschaftliche Untersuchungen haben gezeigt, dass das Führen eines Tagebuchs sehr hilfreich bei der Verarbeitung von Alltagsproblemen und Konflikten ist. Gerade aber in Trauer um einen geliebten Menschen ist es wegen der Antriebslosigkeit, der Schwere und Depressivität nicht einfach, ein solches Tagebuch zu beginnen. Daher unterstützte ich dieses Konzept bei Stefan mit der Hypnose. Das schriftliche Tagebuch half ihm auch, den Tag zu strukturieren, denn nun hatte er eine positive und konstruktive Aufgabe.

Wichtig zu wissen ist: Trauer verläuft in verschiedenen Phasen und bei jedem Menschen in unterschiedlicher Länge und Intensität. Das hat mit der eigenen Persönlichkeit, dem Leben und den Erfahrungen in der Ursprungsfamilie und der Verbindung zur verstorbenen Person zu tun. Ich begleitete Stefan weiterhin mit Hypnosen durch diese Phasen. Es gab Stellen, an denen es stockte, das ist normal und häufig ein Verweis auf ungelöste Konflikte. Stefan berichtete mir in solchen Phasen, er habe das Gefühl, sich gegen das Loslassen und das Fühlen der ungelösten Konflikte zu wehren. Er machte das nicht bewusst, die meiste Zeit merkte er gar nicht, wie sehr er sich sträubte. Schließlich kam Stefan an die Stelle, an der er spürte, dass er Widerstand leistete. Dieser Punkt wird oft in der vierten oder fünften Sitzung erreicht. Er spürte es körperlich, wie eine

Wand, die sich vor ihm aufbaute. Hier war Stefan sich nicht ganz sicher, ob er weitermachen sollte, denn er befürchtete, dass er nun schreckliche und unangenehme Dinge entdecken würde. Ich gab ihm die Sicherheit, diese Barriere überwinden zu können. Denn die andere Seite ist nicht schrecklich, sondern phantastisch. Ich bestärkte ihn darin, dass es sich lohnte, dieses Ziel zu erreichen.

Stefan befreite sich im Laufe der Hypnose von etwas. Nicht von einer Phobie, einem bestimmten Verhaltensmuster oder irgendwelchen Symptomen, sondern von viel mehr. Es gelang ihm, allmählich zu verstehen, wie seine Symptome wirklich entstanden waren und welche Entspannung ihn nach einer Heilung erwarten sollte.

DIE «DYNAMISCHE PHASE»

In der fünften Sitzung waren wir so weit, und ich konnte mit Stefan mit der sogenannten *Pin-Point-Technik** in Hypnose arbeiten. Stefan spürte dabei Kräfte, die aus einer anderen Zeit stammten und nichts mit Elke zu tun hatten. Es überkam ihn ein anderes Gefühl der Traurigkeit und Verlassenheit. Wir nahmen die gegenwärtige Trauer um Elke und gingen mit diesem Gefühl über die sogenannte Gefühlsbrücke in die Vergangenheit, auf der Suche nach einem Erlebnis, bei dem er eine solche Traurigkeit bereits einmal gefühlt hatte. Er wurde jünger und jünger, kleiner und kleiner und ging mit meiner Anleitung immer weiter zurück, um mir dann spontan einige Fragen zu dem Erlebnis zu beantworten, das ihm eingefallen war.

Es ging nun darum, woran er sich erinnerte: Ist es drinnen oder draußen, Tag oder Nacht, ist er allein oder ist jemand bei ihm, wie alt ist er ungefähr? Und dann erzählte er einfach, was passiert war:

Er ist fünf Jahre alt und wacht morgens auf. Er hört das verzweifelte Weinen seiner Mutter. Er steht auf, und seine Mutter sagt ihm, dass der Vater weg ist. Der kleine Junge versteht es nicht richtig, der Vater ist oft weg (er arbeitete auf Montage). Doch er spürt, dass etwas anders ist als sonst. Die Mutter macht ihm klar, dass der Vater nie wiederkommen wird, dass er bei einer anderen Frau ist und dort noch andere Kinder hat. Stefan versteht das alles nicht und wartet auf den Vater. Er lässt alles so liegen wie am Vorabend, als der Vater ihn ins Bett gebracht hat. Das «Bussi Bär»-Heft, aus dem der Vater ihm vorgelesen hat, liegt genauso da wie der neue Fußball, den er erst wenige Tage vorher zu seinem fünften Geburtstag von ihm geschenkt bekommen hat. Die Lego-Eisenbahn, ebenfalls ein Geburtstagsgeschenk, ist halb aufgebaut. Stefan wartet und wartet. Er ist sich sicher, dass der Vater wiederkommt, mit ihm spielen wird und die Eisenbahn fertig aufbaut, damit sie fahren kann.

Doch auch wenn er noch kein richtiges Zeitgefühl hat, wird Stefan mit den Wochen und Monaten klar: Der Vater kommt nicht zurück. Niemand darf in der Folge sein Zimmer betreten, auch seine Mutter nicht, denn er will trotzdem genau da weitermachen, wo er mit dem Vater zu spielen aufgehört hat. Doch er sieht den Vater gar nicht mehr, der ist bei seiner zweiten Familie und für Stefan nicht mehr vorhanden.

Dann kommt der nächste Schock. Seine Mutter erklärt ihm, dass sie nun in eine neue, kleinere Wohnung in einer anderen Stadt umziehen müssen, weil die Mutter dort Arbeit gefunden hat. Eines Tages packen dann viele Menschen das ganze Hab und Gut in Kartons und laden es in ein großes Auto. Auch sein «Bussi Bär»-Heft und die Eisenbahn. Für Stefan fühlt sich das alles wie ein Weltuntergang an. Die Fahrt in die andere Stadt dauert eine Stunde. Die neue Wohnung ist klein und dunkel. Er bekommt ein Zimmer für sich, die Mutter schläft im Wohnzimmer. Alles ist ganz anders, er kommt in einen anderen Kindergarten, hat neue Menschen um sich herum. Er zieht sich zurück und spricht nicht mehr.

Nach dieser intensiven Sitzung wurde Stefan klar, was passiert war und woher er das Gefühl kannte, das ihn seit Elkes Tod so sehr belastete. Der nächste Schritt war dann die Aussöhnung mit dem «Inneren Kind», das wir in der Hypnose wiedergefunden hatten. Wir leisteten das anhand einer *Suggestion** mit dem schönen Namen «Groß hilft Klein»: Der erwachsene Stefan sollte nun dem kleinen Stefan helfen. Ich suggerierte Stefan, dass er als Erwachsener die belastende und konfliktauslösende Situation von damals sieht und dem Kind, das er damals war, erklärt, was es nicht verstanden hat. Er beschützt das Kind, baut mit ihm die Eisenbahn auf, liest ihm vor, spielt mit ihm, gibt ihm alles, was der kleine Stefan damals gebraucht hätte und was die Mutter ihm in ihrem eigenen Schmerz nicht hatte geben können. Er sagt dem Kind, dass er es liebhat, dass er stolz ist und wie toll die Eisenbahn funktioniert.

«Groß trifft Klein» bewirkte bei Stefan, dass der kleine Stefan einen Beschützer bekam. Stefan war nun bereits sehr viel über seine aktuelle Situation klargeworden, er war nun imstande, sie in der Gegenwart mit erwachsenen Augen zu sehen.

Im nächsten Schritt arbeiteten wir mit der *Time-Line**. Dafür nahmen wir Datum und Uhrzeit der aktuellen Sitzung und legten sie als den «Tag der Veränderung» fest, als den Tag also, an dem Stefan wusste, dass er ein neues Ziel erreichen will. Wir formulierten dieses Ziel, und ich ließ ihn das schöne Gefühl dabei erleben. Dann gingen wir in die Vergangenheit und suchten nach einem Zeitpunkt, an dem er schon einmal ein neues Ziel erreicht hatte. Ihm fiel sofort der Erfolg seines Comicladens ein. Ich ließ ihn auch dieses positive Gefühl durchleben: Erfolg und Stolz, erreicht zu haben, was er unbedingt erreichen wollte.

Danach ließ ich ihn dann zu einem Zeitpunkt voranschreiten, der in der Zukunft lag, damit er dort alles erleben konnte, was sich an seinem Denken, Fühlen und Verhalten geändert hatte. Ich ließ ihn seinen Tagesablauf strukturieren und sehen und auch den Stolz, das Ziel erreicht zu haben, ganz genau erleben. Dann sollte er nach einem Kalender oder einer Zeitung suchen, also etwas, das ihm das Datum dieses Tags in der Zukunft zeigte.

Der nächste Schritt war, von diesem Tag in der Zukunft aus auf die Gegenwart zu schauen, auf den Tag, an dem er beschlossen hatte, alles zu tun, um sein Ziel zu erreichen. Ich ließ ihn genau anschauen, was er alles unternommen hatte, um dieses Ziel zu erreichen, was er seitdem verstanden und dazugelernt hatte, was er in seinem Leben verändert hatte, welche Maßnahmen notwendig waren, welche Anstrengungen und welche Opfer.

Abschließend ließ ich ihn an den Zeitpunkt der Gegenwart zurückgehen, und er schaute in die Zukunft, auf das Datum, an dem er sein Ziel erreichen sollte. Ich ließ ihn erleben, welche Maßnahmen und Veränderungen ab sofort notwendig waren und was er noch heute, morgen, bis Ende der Woche oder beispielsweise bis zum Ende des Jahres tun könnte, um seinem Ziel näher zu kommen. Diese Schritte lasse ich die Klienten ganz konkret auf einer imaginären Zeitleiste in meiner Praxis gehen, damit das Erlebnis körperlich spürbar wird.

Stefan nahm dann weitere Therapiestunden bei mir, um alles aufzuarbeiten, ich gab ihm Sicherheit und konnte ihn auf seinem neuen Weg unterstützen.

Heute wohnt Stefan in einer Zweizimmerwohnung, traut sich wieder aus dem Haus und befindet sich sogar im Aufbau eines neuen Secondhand-Comicladens. Er hat eine kleine Schatztruhe mit den wichtigsten Dingen von Elke angelegt und ihr so einen neuen Platz in seinem Herzen gegeben. Mittlerweile schaut Stefan schon so weit in die Zukunft, dass er darüber nachdenkt, eine neue Partnerschaft einzugehen.

DER MÜLL IST DIE WELT: BINDUNG AN DIE DINGE

Ein Messie braucht Dinge. Worum es sich dabei handelt, ist zunächst einmal zweitrangig. Häufig haben diese Dinge natürlich mit den Lebensumständen zu tun, etwa wenn man an Zeitschriftenberge denkt. Dabei handelt es sich in der Regel um Zeitschriften, die sich um die Interessen des Messies drehen. Das können bei dem einen Anglerzeitschriften sein, bei dem anderen Fußballzeitschriften, bei einem dritten medizinische Fachblätter. Das ist nur vordergründig interessant, dahinter steckt ein Muster, das ich mit meinen Klienten aufzuarbeiten versuche.

Nicht wegwerfen zu können, sich also von den überschüssigen Dingen nicht trennen zu können, bedeutet logischerweise, dass der Mensch auf irgendeine Art und Weise an diesen Dingen hängt. Deutlicher gesagt: Er braucht diese Dinge, ohne sie würde er aus dem gefühlten Gleichgewicht seiner Seele kippen. Das ist wichtig: Auch wenn von außen betrachtet klar zu sehen ist, dass es so etwas wie ein seelisches Gleichgewicht hier gar nicht mehr gibt, fühlt der Betroffene selbst sich doch durch das Chaos psychisch und seelisch stabilisiert. Das ist ein unbewusster Vorgang; deshalb ist es auch völlig falsch, in diesem Zusammenhang von Schuld zu sprechen. So schwer das zunächst zu verstehen sein mag: Ein Messie ist nicht «schuld» an den Zuständen in seiner Wohnung, nicht einmal dann, wenn es sich um die totale Vermüllung handelt.

Seelisches Gleichgewicht entsteht unter anderem durch Bindung, weil eine Bindung Sicherheit vermittelt. Man denke als bestes Beispiel an die Bindung des Säuglings an die Mutter und an die Schwierigkeiten im Leben, die eine Störung der frühkindlichen Bindung zur Mutter im Leben eines Menschen hervorrufen kann.

Messies binden sich an die Dinge. Sie sind unmittelbar an die Existenz all dieser Dinge, an die Existenz des Chaos gekoppelt. Für die Seele des Menschen hat diese Kopplung einen tiefen Sinn: Nur so ist sie überhaupt noch in der Lage zu überleben. Das Chaos erzeugt Stabilität, so widersprüchlich das klingen mag.

Wenn wir diesen Vorgang etwas abstrakter betrachten, sehen wir schnell, wie das funktioniert. Die meisten von uns binden sich nämlich an Dinge, auch wenn daraus kein Chaos und kein Messietum entsteht. Da sind all die Dinge, die für uns Erinnerungswert haben und die wir deswegen aufheben (und die, nebenbei bemerkt, funktional betrachtet oft nutzlos sind). Da sind Dinge, die uns emotional berühren: Bücher, die wir lieben, Musik auf CDs oder Vinyl, die für uns besondere Bedeutung hat. Es kann auch ein Pokal sein, der uns an eine besondere sportliche Leistung erinnert. Ein Verlust dieser Dinge durch Diebstahl, irgendeine Form der Zerstörung oder auch ein Verkauf aufgrund von Geldnot bewirkt in uns Trauer, Ärger, Frust, anders gesagt: seelisches Ungleichgewicht.

Was in einem Messie vorgeht, ähnelt diesem psychischen Mechanismus, ist allerdings in der Ausprägung und in den Auswirkungen viel extremer. Er unterscheidet nicht mehr zwischen wichtig und unwichtig, zwischen Dingen, an die er eine tatsächliche emotionale Bindung hat, und denen, die für ihn keinerlei Bedeutung haben. Stattdessen misst er nun allen möglichen Dingen Bedeutung zu, einfach nur, weil sie da sind. Ihr einziger Sinn ist, dem Betroffenen Halt und Sicherheit zu geben, auch wenn wir das von außen nicht erkennen können. Die Fähigkeit, loslassen zu können, Trennung psychisch zu verarbeiten, so banal das im Hinblick auf unwichtige Alltagsdinge auch klingen mag, ist abhandengekommen, bei manchen Klienten war sie noch nie vorhanden. Diese Menschen horten also nicht, weil sie zu faul zum Aufräumen sind, sondern weil eine Entsorgung der gehorteten Sachen ihre Welt zusammenstürzen lassen würde.

Was für andere Menschen wie Müll aussieht, ist für den Messie seine sichere Welt!

Man muss diesen Satz vielleicht ein paarmal lesen oder laut aussprechen, um seine ganze Tragweite zu erfassen. Aber erst wenn wir dieses Zusammenspiel zwischen den für Außenstehende bedeutungslosen Dingen und ihrer überlebenswichtigen Bedeutung für einen Messie verstanden haben, können wir uns damit auseinandersetzen, wie Hilfe möglich ist.

Um zu verstehen, dass bloßes Sammeln und Aufbewahren noch lange kein Ausdruck des Messie-Phänomens ist, hat mir eine Erfahrung im privaten Bereich sehr geholfen. Meine Großeltern entstammen der Kriegsgeneration, auch meine

Eltern haben als Kinder noch diese schreckliche Zeit erlebt. Krieg bedeutete für die Menschen vor allem auch Verlust, Verlust und damit einhergehend Knappheit von Gütern, zum Beispiel Lebensmitteln. In solchen Zeiten lehrt einen das Leben Sparsamkeit und dass man sich zweimal überlegt, ob man etwas wegwirft. Der Kontrast zu unserer heutigen Wegwerfmentalität könnte kaum größer sein.

Meine Großeltern und meine Eltern haben diese Erfahrungen in die Nachkriegszeit mitgenommen und lebten stets im Sparsamkeitsmodus. Es waren immer zumindest kleinere Vorräte im Haus, eine leere Vorratskammer wäre undenkbar gewesen. Worüber wir heute kaum nachdenken, weil es selbstverständlich geworden ist, fast rund um die Uhr noch schnell im nächsten Supermarkt Nachschub besorgen zu können, war für sie eine Notwendigkeit. Dann konnte man es auch an Kleinigkeiten erkennen wie der Gewohnheit, gebrauchtes Geschenkpapier noch einmal glatt zu streichen und wiederzuverwenden.

Meine Oma sammelte also auf gewisse Weise auch mehr, als wir heute für notwendig halten würden, sie war aber deshalb kein Messie. Sie bewahrte sehr ordentlich und strukturiert Dinge auf, die sie noch einmal benutzen wollte, sie legte Vorräte an, weil sie davon überzeugt war, dass sie gebraucht würden, und sie (ver)brauchte sie ja schließlich auch. Nur eben nie, ohne zugleich neue Vorräte anzulegen. Erst wenn der objektiv messbare Sinn der gesammelten Sachen nicht mehr erkennbar ist, wird es kritisch.

DIE GLÄSERSAMMLERIN – MANUELA

Manuela war eine 50-jährige Klientin, die in der DDR aufgewachsen und vor Jahren in die Nähe von Hamburg gezogen
war. Im Erstgespräch wurde mir ihre Problematik noch nicht
wirklich deutlich. Ich merkte, dass sie meine Versuche, mit ihr
ins Gespräch zu kommen, innerlich abblockte; sie erzählte nur
wenig. Also schlug ich einen Besuch in ihrem Haus vor, um mir
die Lage vor Ort anzuschauen, und sie stimmte diesem Vor-
schlag zu.

Als ich das recht alte Haus betrat, fiel mir gleich der muffige
Geruch auf, eine leichte Feuchtigkeit hing in der Luft. Ich bat
Manuela, mir die Räumlichkeiten zu zeigen, und bekam den
ersten konkreten Hinweis auf die Problematik, als ich einen
Raum neben der Küche betrat, der offenbar als Vorratskammer genutzt wurde. Allerdings gab es dort nicht jene normale
Menge an Vorräten, wie man sie bei einer allein lebenden Frau
mittleren Alters erwarten würde, stattdessen war der ganze
Raum mit Verpackungsmaterialien und vor allem mit Gläsern
angefüllt. Sehr viele Einmachgläser, aber auch Marmeladen-
und Honiggläser. Alle ordentlich aufgereiht im Regal, Hunderte
von Gläsern, daneben leere Joghurtbecher und andere Plastik-
verpackungen. Die Gläser in diesem Raum waren leer. Als ich
allerdings weiterschaute, entdeckte ich einen zweiten Raum, in
dem ebenso viele Gläser mit Inhalt standen: Erdbeermarme-

lade. Pflaumenmus. Orangenmarmelade. Apfelmus. Auch hier herrschte Ordnung, die Gläser standen nicht durcheinander und waren alle beschriftet. Als ich die Aufkleber in Augenschein nahm, las ich die Daten, an denen die Gläser befüllt worden waren. Zum Teil stammten sie aus den achtziger Jahren. Eine dicke Staubschicht bedeckte den größten Teil der Sammlung. Offenbar waren sie vor langer Zeit hier hingestellt und danach nie wieder angefasst worden.

Als ich ins Wohnzimmer kam, fand ich keine Gläser, dafür aber Zeitungen, wieder Verpackungen und jede Menge Kaminholz. Die Zeitungen, so erklärte mir Manuela auf meine vorsichtige Nachfrage, dienten zum Anzünden des Kamins. Durch die Luftfeuchtigkeit in dem alten Haus fühlte sich das Papier bereits klamm an, auch hier lag wieder dieser leicht muffige Geruch in der Luft.

Wieder versuchte ich behutsam zu erfragen, wie Manuela den Zustand ihres Hauses wahrnahm. Die leeren Gläser, sagte sie, seien eben für künftige Marmeladen und andere Dinge bestimmt, die sie einmachen wolle. Die Becher könnten als Trinkbecher für Gäste genutzt werden. Ich merkte schnell: Das waren Wunschvorstellungen von Marmeladen, die sie nie kochen würde, und Gästen, die nie zu Besuch kommen würden. Ich spürte deutlich, wie sehr selbst meine vorsichtigen Fragen Manuela unter Stress setzten. Sie reagierte genervt, fast aggressiv, wertete jede Frage als Angriff auf ihre Person.

Ich als Wessi, die in einer Wegwerfgesellschaft aufgewachsen sei, so belehrte sie mich, könne mir das doch gar nicht vorstellen; im Osten habe es halt nichts gegeben, da sei man darauf angewiesen gewesen, Vorräte anzulegen. Deshalb sei es auch nicht verwunderlich, dass sie zusätzlich zu den selbstgemachten Marmeladen noch etliche Gläser im Supermarkt gekauft und mit ins Regal gestellt habe. Wie ich mit Erstaunen hörte, brachten sogar die Nachbarn ab und an noch Gläser vorbei. Ob sie dabei jemals das Haus betreten und die Sammlung gesehen hatten, sagte Manuela mir nicht.

Auffällig war: Die vollen Gläser standen nicht nur hübsch aufgereiht im Regal, sie waren auch nach Inhalt geordnet, da stand nirgendwo auch nur eine Erdbeermarmelade beim Pflaumenmus oder umgekehrt. Auch die Zeitungsstapel im Wohnzimmer waren thematisch sortiert, was die Aussage, sie dienten lediglich zum Kaminanzünden, konterkarierte. Insgesamt waren es so viele und so hohe Stapel, sowohl an Zeitungen als auch an Holz und Verpackungen, dass dieser Raum gar nicht mehr als Wohnzimmer genutzt werden konnte.

An Manuelas unwilligen Reaktionen spürte ich sehr deutlich, wie behutsam ich hier vorgehen musste. Ich stellte weiter vorsichtige Fragen und machte deutlich, dass sie aus Interesse resultierten und keine Vorwürfe transportieren sollten. Doch es blieb schwierig; wenn sie nicht ablehnend reagierte, hatte ich das Gefühl, dass sie gar nicht recht verstand, was ich sagte. Sie schien irgendwie entrückt und bewegte sich vollkommen selbstverständlich in dieser Umgebung, die auf Außenstehende einen befremdlichen Eindruck machte. Man spürte intensiv, wie sehr sie bereits mit diesen Dingen verbunden war, es bestand eine Art symbiotisches Verhältnis zu den Gläsern, Zeitungen und Verpackungen.

Immerhin kam Manuela anschließend weiter zur Therapie, und wir schafften es nach und nach, an die Hintergründe für ihr Verhalten zu gelangen. Ich forsche sehr stark biographisch und leite die Menschen unter anderem mit dem Mittel der *Hypno-analyse** dazu an, Erinnerungen zutage zu fördern, die für den Heilungsprozess eine wichtige Rolle spielen. So war es auch bei Manuela. Sie berichtete, dass sie über viele Jahre hinweg in einem 3-Frauen-Haushalt mit ihrer Mutter und ihrer Großmutter zusammengelebt hatte. Der Vater sei nicht präsent gewesen, der Großvater auch nicht, Manuela selbst erzählte auch von keiner tiefen Beziehung; die drei Frauen mussten eben einfach ohne Männer zurechtkommen. Sowohl die Mutter als auch die Großmutter hätten ihr immer wieder eindrücklich gesagt, wie schlecht die Versorgungslage in der DDR sei und wie wichtig entsprechend die Bevorratung, wenn bestimmte Nahrungsmittel einmal verfügbar waren.

Es gab hier also eine lange Geschichte der Wichtigkeit des Hortens und Sammelns. Was es nie gab, war die Chance zu lernen, dass die Versorgung auch gewährleistet ist, wenn nur wenige Vorräte im Haus sind.

Nach dem Tod der Großmutter ging Manuela eine kurze Beziehung mit einem Mann ein, aus der zwei Kinder hervorgingen. Auf den ausdrücklichen Wunsch von Manuela nahm ich zu beiden Verbindung auf. Während Manuela hoffte, so den Kontakt wiederherzustellen, wollte ich die Eindrücke der Kinder erfahren, um tiefer in die biographischen Hintergründe einsteigen zu können. Beide waren inmitten der ständig wachsenden Gläser-, Zeitungs- und Verpackungssammlung aufgewachsen, beide berichteten mir, dass dieser Zustand ihrer Erinnerung nach immer schon so gewesen und während ihrer Kindheit stetig schlimmer geworden sei. Selbst die Kinderzimmer seien von der Sammelwut der Mutter betroffen gewesen, man habe es kaum aushalten können. Mehrfach fiel in den Gesprächen mit Sohn und Tochter eine wichtige Bemerkung: Immer, so bestätigten sie beide, hätten sie das Gefühl gehabt, die Dinge seien der Mutter wichtiger gewesen als ihre Kinder. Lieber habe sie nach neuen Aufbewahrungsorten gesucht, als die Sorgen und Nöte ihres Nachwuchses anzuhören.

Beide Kinder waren sehr früh ausgezogen; sie hatten damals keinen emotionalen Zugang mehr zur Mutter.

Bei den wenigen Besuchen nach ihrem Auszug hatten sie stets das Gefühl, die Situation daheim sei jedes Mal ein wenig schlimmer geworden. Sie erklärten mir, dass sie unter den Auswirkungen dieser lieblosen und chaotischen Kindheit zu leiden hatten. Der Sohn verdrängte Probleme mit Alkohol, die Tochter hatte eine Depression, bei beiden war die unverarbeitete Wut auf die Mutter in jedem Satz, den sie sagten, zu spüren.

Therapeutisch nachvollziehbar war für mich das Gefühl des Mangels sowie die Angst vor diesem Mangel, die sowohl Großmutter als auch Mutter in Kriegszeiten und dann wieder in der DDR kennengelernt und mit der sie die Tochter und Enkelin unauslöschlich geprägt hatten. Ich wusste, dass ich hier ansetzen musste. Dass Manuela ihre Kinder vernachlässigte, hatte sie nicht erkennen können, da sie sich aus ihrer Sicht ja «normal» verhalten hatte. Eine solche Erkenntnis kommt vielen Klienten dann im Verlauf der Therapie und unterstützt den Heilungsprozess.

Im weiteren Verlauf stellte sich allerdings heraus, dass Manuela die Therapie abbrechen wollte. So bemerkte ich irgendwann, dass sie mich zwar selbst gebeten hatte, ihre Kinder zu kontaktieren, dies jedoch nicht aus Einsicht in ihre Problematik geschehen war. Ihr Ziel war einzig gewesen, mit meiner Hilfe wieder Zugang zu den Kindern zu finden. Sie hoffte auf ihre Hilfe, weil sie kurz vor dem Auszug aus ihrem Haus aufgrund einer Eigenbedarfsklage stand.

Insgesamt war nach einiger Zeit zu spüren, dass Manuela nicht zu mir kam, um an ihrem Problem zu arbeiten, sondern um sich durch mich eine Entschuldigung für ihr Verhalten zu verschaffen. Sie war innerlich nicht in der Lage, sich so weit auf die Therapie einzulassen, dass sie ihre Wahlmöglichkeit hätte erkennen können. Ich bestärkte sie immer wieder darin, sich keine Vorwürfe zu machen, doch erwies sich ihre Fixierung auf den Kontakt zu den Kindern als Lösung ihrer Probleme als zu stark. Die Aufarbeitung, die wir begonnen hatten, die Beschäftigung mit ihren eigenen Problemen war ihr letztlich zu anstrengend, sodass sie von sich aus die Therapie abbrach, als sie merkte, dass ihre Erwartungen nicht erfüllt wurden.

An diesem Beispiel lässt sich gut sehen, dass nichts an meiner Arbeit mit Messies ein Selbstläufer ist. Ich bin immer darauf angewiesen, dass der Klient mitarbeitet und aus seinem Leidensdruck heraus bereit ist, sich auf mein Angebot einzulassen, um zu sehen, wohin es ihn führt. Wir haben zwar alle immer eine Wahl, doch sind wir nicht immer in der Lage, das auch zu erkennen und die Wahl zu treffen. So war es auch bei Manuela. Sie konnte sich die nötige Zeit für sich selbst noch nicht nehmen; dazu hätte es weiterer therapeutischer Arbeit bedurft, die sie jedoch hätte mittragen müssen. Dies zu erkennen ist wichtig für mein Selbstverständnis als Therapeutin. Ich «repariere» nicht, ich kann Menschen auch nicht ändern. Ich begleite und unterstütze die Klienten auf einem Weg, den sie selbst gehen müssen.

Manuela hat später die Therapie wieder aufgenommen.

DER INFORMATIONSSAMMLER –
HANS-JÜRGEN

Hans-Jürgen reiste aus Köln an, um zu mir in die Therapie zu kommen. Wie ich im ersten Gespräch schnell feststellte, hatte seine Frau ihn «motiviert», den Schritt zu machen. Es ist für mich zu Beginn immer wichtig, zu erfahren, ob die Menschen bereits selbst Leidensdruck, Krankheitseinsicht und einen Veränderungswunsch mitbringen. Nur dann kann der Klient mit meiner Begleitung positive Veränderungen seiner Situation erreichen. Auf welchem Wege er oder sie sich diesen Veränderungen nähert, ist ganz individuell und ergibt sich nach und nach in den einzelnen Sitzungen.

Als wir erst einmal im Gespräch waren, war bei Hans-Jürgen schnell sein Leidensdruck feststellbar, und mit jeder Minute des Gesprächs fiel es ihm etwas leichter, sich zu öffnen und über diesen Druck zu sprechen.

Beruflich entstammte der frisch pensionierte Physikprofessor der akademischen Oberschicht, was unter meinen Klienten nicht untypisch ist. Das Messie-Phänomen beschränkt sich nicht auf Menschen mit einem problembehafteten sozialen Umfeld, sondern es kommt in allen Schichten vor. Das hängt damit zusammen, dass es sich eben nicht, wie oft vermutet, um ein soziales Phänomen handelt, sondern um eine psychische Entwicklungsstörung, die unabhängig von der gesellschaftlichen Stellung des Klienten auftritt.

Im Verlauf des ersten Gesprächs war Hans-Jürgens Vertrauen so weit gewachsen, dass er mit mir arbeiten wollte. Um auf dieser Grundlage einen Schritt weiterzukommen, bat ich ihn, zur nächsten Sitzung einen Lebenslauf und Fotos von der häuslichen Situation mitzubringen. Damit konnte ich mir, zusätzlich zu dem, was er erzählte, ein Bild von der Lage machen. Zu sehen waren Zimmer voller Datenträger in jeglicher Form. Gedruckt als Zeitschriften und Zeitungen sowie magnetisch und digital auf VHS-Kassetten, DVDs und CDs. Dazu jede Menge EDV-Zubehör. Es war klar, dass es bei den Dingen, die dort offenbar drohten das ganze Haus schier zu überfluten, immer und überall um Informationen ging. «Informationssammler» kommen übrigens unter männlichen Betroffenen öfter vor, ähnlich wie Gläsersammler bei den Frauen.

Seine Frau hatte Hans-Jürgen nach über 30-jährigem Sammeln vor die Wahl gestellt: Entweder suche er endlich einen Therapeuten auf und versuche, das Problem in den Griff zu bekommen, oder sie werde ihn verlassen.

Ihr Problem war nicht prinzipiell seine Sammelwut, das war sie aus den langen Jahren seiner akademischen Karriere gewohnt und hatte es immer akzeptiert. Mittlerweile jedoch gab es im ganzen Haus keinen Ruhepunkt mehr. Überall standen Dinge im Weg, über die man hinwegsteigen musste und die verhinderten, dass man sich länger an einem Ort aufhalten konnte. Über die Jahre hinweg hatte sich die Masse der Dinge ihren Weg vom Keller bis ins Erdgeschoss und dann weiter in die obere Etage des Hauses gebahnt. Allein die Tatsache, dass Hans-Jürgen fünf verschiedene Tageszeitungen abonniert hatte, ließ die Stapel stetig wachsen. Das Saubermachen war durch die vielen Sachen ebenfalls stark erschwert, und so räumte Hans-Jürgens Frau in einem Anfall von Wut und Enttäuschung immer wieder einmal etwas, das ihr im Weg stand, an einen anderen Ort oder warf es einfach gleich weg.

Für ihren Mann war jedes dieser Ereignisse eine kleine Katastrophe, denn für sein Gefühl gab es keine Unordnung. Er hatte die Dinge an ihren bestimmten Platz geräumt, dort hatten sie zu sein, und dort würde er sie auch jederzeit wiederfinden.

Jedes Mal, wenn seine Frau etwas an einen anderen Platz gelegt hatte, löste dieser harmlose Vorgang in Hans-Jürgen große Unruhe aus. Mit jedem Wegräumen verursachte seine Frau ungewollt eine Erschütterung seiner spezifischen Ordnung. Außerdem lag ständig die Gefahr eines größeren Streits in der Luft. Hans-Jürgen war sauer auf seine Frau, weil sie ihn einer Unordnung zieh, die er gar nicht erkannte, und seine Frau war sauer, weil er ihre Sorgen bewusst zu ignorieren schien.

Mir erschien es sinnvoll, die nächste Sitzung mit dem Ehepaar gemeinsam durchzuführen, und Hans-Jürgen war dafür auch aufgeschlossen. Diesem Teil der therapeutischen Arbeit gab ich fortan den notwendigen Raum. Mit der Fortdauer des Therapiegesprächs zeichnete sich die Problematik immer deutlicher ab. Hans-Jürgens Frau wirkte erleichtert, dass endlich einmal alles gesagt werden konnte, was ihr schon so lange «im Magen lag», wie sie es ausdrückte. Ihrer Aussage nach hatte sie sich in den letzten Monaten daheim oftmals einem «Nervenzusammenbruch» nahe gefühlt. Äußerungen wie «das liegt mir im Magen» sind für mich wichtige Anhaltspunkte, denn oft wirken sich seelische Belastungen körperlich aus. Es ist häufig der Fall, dass Sorgen den Menschen nicht nur im übertragenen Sinne «Bauchschmerzen» bereiten.

Beide erzählten mir, dass sie schon einen Versuch bei einem anderen Psychologen unternommen hatten, der aber erfolglos geblieben sei. Auf mich war Hans-Jürgens Frau aufmerksam geworden, weil ich dem Messie-Phänomen mit unterschiedlichen Therapieansätzen begegne. Da sie aufgrund der ausufernden Situation und des Fehlschlags mit dem ersten Therapeuten eine gewisse Hilflosigkeit fühlte, war sie zu der Ansicht gelangt, sich für alternative Möglichkeiten, ihr Problem in den Griff zu bekommen, öffnen zu müssen.

Im Verlauf der Behandlung war zu spüren, dass Hans-Jürgen trotz seiner anfänglichen Öffnung immer wieder Schwierigkeiten hatte, die häusliche Situation wirklich als Problem zu erkennen. Wenn ich in solchen Momenten versuchte, über die vielen Dinge zu sprechen, die im Haus herumlagen, verwies er darauf, dass doch «auch Sachen seiner Frau» dabei seien. Überhaupt projizierte er dann zunächst einmal Verantwortlichkeit nach außen. Für seine vielen Papierstapel hatte er eine ganze Reihe von Erklärungen. Generell komme es in seinem Beruf als Professor eben darauf an, vielfältige Informationsquellen zu haben. Dann habe er vor einigen Jahren eine neue Stelle angenommen, die eine große Herausforderung gewesen sei, und auch da sei es notwendig gewesen, mit Wissen zu glänzen. Außerdem habe er durch seine beruflichen Belastungen zu wenig Zeit, daher stapelten sich eben Zeitschriften mit Artikeln, die er sicher noch lesen werde, DVDs oder Videokassetten mit Dokumentationen, die er sicher noch schauen werde, und Bücher, in die er sicher noch hineingucken werde. Faktisch seien also all diese Stapel keine Unordnung, schon gar kein Müll, sondern dringend notwendiges Arbeitsmaterial.

Ich ließ ihn erzählen, machte mir meine Notizen, unter anderem auch über seine äußere Erscheinung. Für sein Alter war er recht jugendlich gekleidet, sauber zwar, aber mit einem leichten Anflug des Unordentlichen. Auch roch er stark nach Rauch. Er erzählte mir, dass er Pfeifenraucher war, und nach einiger Zeit kam auch heraus, dass er ständig eine gewisse innere Unruhe verspürte, die er jeden Abend mit einer Flasche Rotwein oder auch mehr bekämpfte. In diesen Erzählungen war zu bemerken, was in vielen Sitzungen mit Messie-Klienten auffällt: Die Symptomatiken verweben sich miteinander. Das mutmaßliche Alkoholproblem, die ständige innere Unruhe, die Unfähigkeit, die Unordnung im Haus überhaupt als solche wahrzunehmen, der Drang, für alles eine Entschuldigung zu finden: All das gehörte zu diesem Fall. Es zeigt sehr gut, dass wir beim Messie-Phänomen über mehr sprechen als über ein Aufräumproblem.

Ergänzend zu den Erzählungen verwertete ich die Angaben auf den *Anamnese**-Bögen, die Bestandteil jeder meiner Therapien sind. Darin werden in Kurzform die Themen angesprochen, die für mich in Verbindung mit den persönlichen Gesprächen zum Gesamtbild des Klienten beitragen. Jeder Klient bekommt diese Bögen nach der ersten Sitzung mit nach Hause, um sie zum zweiten Termin zusammen mit dem Lebenslauf wieder mitzubringen, damit ich Vorlieben, Abneigungen, Besonderheiten kennenlernen kann; zum Beispiel zu Themen wie: Partnerschaft, allgemeines Befinden, Krankheiten (medizinisches Befinden) sowie das familiäre und das soziale Umfeld.

Mit Hilfe der Anamnese-Bögen beginnt der Klient, sich selbst mit seinen Problemen auseinanderzusetzen. Weder ich noch Hans-Jürgen selbst wissen in diesem Moment, was genau bei ihm los ist, wir können beide zunächst nur auf die Gefühle schauen, die die Eigenbetrachtung auslöst.

Wir begannen schließlich mit der Hypnoanalyse, und Hans-Jürgen kam mit der Aufdeckung seiner Gefühle Schritt für Schritt voran, und so stieß er zum Kern seines Problems vor. Er erzählte sehr ausführlich von einem längeren Krankenhausaufenthalt, den er als Junge wegen einer schweren Krankheit hinter sich bringen musste. Sein ganzer Körper war eingegipst worden, sodass er bis auf seine Hände kaum etwas bewegen konnte. Nach seiner Erinnerung ging es um eine Erkrankung, bei der man davon ausging, dass sie durch Bewegung «wandert», daher das Eingipsen. Er erinnerte sich an lange Zeiten des Alleinseins in diesem Krankenzimmer, an die innere Leere, an das Gefühl des Ausgeliefertseins. In dieser Zeit begann er, viel zu lesen, darunter auch Bücher, die noch gar nicht für sein Alter gedacht waren. Denn er glaubte, Dinge lernen zu müssen, die andere Kinder längst gelernt hätten. Und so sammelte er bereits in jungen Jahren Informationen.

In einer der weiteren Sitzungen kam das Gefühl zum Vorschein, dass er von der Mutter nie richtig angenommen worden sei. Hans-Jürgen war ein ungeplantes Kind, und er berichtete mir, dass er immer das Gefühl gehabt habe, seiner Mutter zum Zeitpunkt der Geburt überhaupt nicht in die Lebensplanung gepasst zu haben. Auch die frühkindliche Erinnerung an das Verhältnis zur Mutter verband sich mit dem Gefühl der Leere, mit Bindungslosigkeit und Ablehnung. Hans-Jürgens Frau hatte mir zudem erzählt, sie wisse von Verwandten ihres Mannes, dass er als Kind immer gewirkt habe, als ob er nicht richtig zur Familie dazugehöre.

Es ist an dieser Stelle wichtig, zwischen Gefühlen und Erinnerungen zu unterscheiden. Die konkrete Erinnerung an eine Situation ist nicht entscheidend, da sie durch viele Umstände beeinflusst ist. Das Gefühl jedoch, das sich mit der Erinnerung verbindet, ist sehr wohl entscheidend, denn es prägt den Lebensweg und damit auch die aktuelle Lebenssituation. Seine Mutter würde die Geschichte vielleicht ganz anders erzählen, vielleicht sagen, dass sie ihrer Erinnerung nach ihren Sohn angenommen und geliebt habe. Bei Hans-Jürgen jedoch ist in dieser Zeit das Gefühl der Leere entstanden, das ihm als Erwachsenem zunehmend Probleme bereitet.

Aus diesen und anderen Geschichten, die Hans-Jürgen, zum Teil unter Tränen, während der Hypnose erzählte, ließ sich die Entstehung des Messie-Phänomens bei ihm recht gut rekonstruieren. Schon früh hatte er mit seiner Sammeltätigkeit angefangen, die Löcher in seiner Seele im wahrsten Sinne des Wortes zu stopfen. Der Streit mit seiner Frau wegen des vollgestellten Hauses verstärkte die Symptomatik noch. Hier ähnelte das Gefühl dem Verhältnis zur Mutter, und die Seele zog die direkte Parallele. Wieder fühlte Hans-Jürgen sich nicht in seiner Persönlichkeit angenommen, wieder gab es scheinbar eine schlechte Stimmung, an der er aus unerfindlichen Gründen Schuld hatte. Ein Grund mehr, Dinge anzuhäufen, mit Wissen Leere auszufüllen und Bindung zu suchen.

Nach und nach schaffte es Hans-Jürgen, seine Gefühle zu verstehen. Damit konnte er in eine andere Phase der therapeutischen Arbeit eintreten und wieder eine Wahl treffen.

Diese Wahl sah so aus, dass er einen bestimmten Bereich im Keller zu seinem Refugium machte, um dort die Informationen, die er tatsächlich noch brauchte, zu sortieren und zu ordnen. Die überflüssigen Informationen, die nur dazu gedient hatten, Bindung zu schaffen und Leere zu füllen, konnte er nun entsorgen.

Darüber hinaus schaffte er es, sich für Neues zu begeistern. So kaufte er sich ein Wohnmobil, mit dem er Orte bereiste, über die er auch Material in seiner Informationssammlung hatte, das er somit tatsächlich nutzbar machen konnte.

Eine weitere Wahl bestand darin, die Tageszeitungen abzubestellen, sich ein Tablet zu kaufen und damit gezielter nach einzelnen Informationen zu suchen.

SCHÖNE NEUE WELT: DER CYBER-MESSIE

Die erste Beschreibung des Messie-Phänomens durch Sandra Felton stammt noch aus der analogen Zeit. Inzwischen leben wir digital. Auf das Messie-Phänomen hat dieser Umstand enorme Auswirkungen, denn es ist eine ganze Welt hinzugekommen, die im Chaos versinken kann.

Wir kennen das alle: Täglich setzen wir uns mit immensen Datenmengen auseinander, die uns auf digitalem Weg erreichen. Informationen verschwinden auf unseren Computerfestplatten, im Posteingang warten schon wieder diverse unbeantwortete E-Mails, gar nicht erst zu reden von den Ansprüchen, die unser selbstgewähltes Mitwirken auf den unterschiedlichen Plattformen der sozialen Medien an uns stellt. Wenn wir nicht täglich in unsere Facebook-Timeline oder auf Instagram schauen, haben wir schnell das Gefühl, nicht up to date zu sein und Dinge zu verpassen. Online-Spiele ziehen uns in Parallelwelten, aus denen wir nur schwer zurückfinden. Diese allgemeine Entwicklung ist nicht mehr umzukehren, und wer Kinder hat, sieht unweigerlich, wie sie schon in jungen Jahren einen Stressfaktor in ihrem Leben haben, von dem meine Generation im Teenie-Alter noch nichts ahnen konnte und musste.

All das hat zur Entwicklung einer neuen Form, der

Cyber-Messies, geführt. Oft kommt diese Form hinzu, wenn Menschen bereits in der analogen Welt zum Messie geworden sind. Allerdings ist es in der virtuellen Welt noch einfacher, Messie-Handlungsweisen anzunehmen, weil kein physischer Raum benötigt wird. Fotoabzüge, die wir in Händen halten, müssen wir in größeren Mengen erst einmal irgendwo unterbringen und sehen sie anschließend dort, wo wir sie hingelegt haben, die ganze Zeit. Digitale Fotos schieben wir einfach vom Handy oder der Digicam auf unsere Festplatten und haben sie nicht mehr vor Augen. Oft bemerken wir sie erst wieder, wenn die Platte voll ist, doch eine neue ist schnell gekauft, und alles kann von vorne beginnen. Ich hatte einmal einen Bekannten, der mit Computern bisher nicht viel zu tun gehabt hatte und sich etwas mühsam einzuarbeiten versuchte. Unter anderem hatte er noch nicht verstanden, wie man eine Ordnerstruktur anlegt, um Daten an bestimmten Stellen zugriffsbereit zu haben. Seine etwas hilflose Reaktion war, erst einmal alle Dateien in den digitalen «Papierkorb» zu verschieben, da dieser Ordner immerhin schon vorhanden war und dort zumindest alles an einem Platz war. Stellt man sich das im echten Leben vor, dann bekommt man eine plastische Vorstellung davon, was das Messie-Phänomen eigentlich bedeutet: Zuerst werden nur ein paar kleine Dinge zur Seite gelegt, schließlich immer mehr, sodass der Korb überquillt und sich die Dinge von da aus immer weiter ausbreiten.

Der digitale Papierkorb quillt nicht sichtbar über, scheinbar können wir dort immer neue Daten ablegen. Doch selbst wenn wir eine Ordnerstruktur angelegt haben, fällt es uns bisweilen schwer, Informationen auf Anhieb wiederzufinden. Die größten virtuellen Messie-Wohnungen überhaupt sind im Grunde die unüberschaubaren Datenbanken hinter Facebook, Instagram oder Google sowie die heimischen Festplatten und die Cloud-Server im Netz. Hier liegen Millionen und Abermillionen von Informationen, die im Grunde kaum nutzbar sind, weil wir weder die Zeit haben, sie zu suchen, noch die Mittel, immer exakt das zu finden, was uns weiterhilft.

Auch im digitalen Bereich gilt: Solange ich in der Lage bin, die Daten zu strukturieren und mich regelmäßig von überflüssigem Datenmüll zu trennen, befinde ich mich in der Selbststeuerung und bin nicht vom virtuellen Messie-Phänomen gefährdet. Dasselbe gilt für den Umgang mit sozialen Medien. Eine gezielte Nutzung muss das Ziel sein, Facebook und Co. dürfen nicht zum Ersatz für das echte soziale Leben werden.

WENN DIE CYBER-WELT ZUR HEIMAT WIRD – YVONNE

Durch die Auftritte mit meiner Band hatte ich schon früh die Möglichkeit, durch die ganze Welt zu reisen. Bis Mitte der neunziger Jahre war ich oft auf Conventions sowie zur Produktion und Promotion in den USA. Ich nutzte die Zeit dort auch, um neben den Aktivitäten rund um die Band Seminare, Fortbildungen und Studiengänge für meine therapeutische Ausbildung zu besuchen. Die Arbeit mit Mitteln wie *Neuro-Linguistisches Programmieren (NLP*)* und Hypnose war zu dieser Zeit in den USA viel weiter als in Deutschland, wo es kaum Bücher oder Fortbildungen zu diesen Themen gab.

Yvonne lernte ich Ende der achtziger Jahre auf einer Heavy-Metal-Convention in Los Angeles kennen. Sie war damals Anfang 20, geboren und aufgewachsen in Rosenheim. Im Alter von 19 Jahren hatte sie Marc, einen Soldaten der U.S. Army, geheiratet, mit dem sie schließlich in die USA zog. Marc war meistens nicht zu Hause, denn er wurde immer wieder in harte Einsätze im Ausland geschickt. Die Musik half Yvonne, alleine in dieser fremden Welt zurechtzukommen, darüber hinaus hatte sie einen guten Job in Los Angeles bei einer Airline gefunden.

Yvonne war äußerst hübsch, sie hatte in Deutschland vor der Heirat noch ihr Fachabitur gemacht. Wir freundeten uns an, und sie recherchierte für mich Seminare in den USA, sodass ich meine Tätigkeiten mit der Band mit meiner therapeutischen

Ausbildung verbinden konnte. Sie war damals schon sehr firm am Computer, half mir mit Promotionflyern für die Band auf Englisch, mit Layouts und einigen anderen Dingen.

Irgendwann jedoch verloren wir uns aus den Augen und hatten ab Mitte der neunziger Jahre nur noch sporadisch Kontakt. Per Mail erfuhr ich noch, dass sie ein paarmal umgezogen war und in Detroit lebte. Danach brach die Verbindung für lange Zeit komplett ab.

Mitte 2005 jedoch suchte sie über die MySpace-Seite meiner Band wieder Kontakt zu mir, und wir schrieben Mails hin und her. MySpace war damals für die Musikszene eine Art Vorläufer von Facebook, wo Fans mit den Bands in Kontakt treten konnten. Als ich Yvonne bat, mir doch ein Foto oder ihre Adresse zu schicken, ahnte ich, dass etwas nicht stimmte, weil sie darauf nie reagierte. Sie schrieb überhaupt wenig über sich, lediglich beim Thema «Band und alte Zeiten» war sie zugänglich.

Schließlich schlug sie vor, dass wir uns doch in *Second Life** treffen könnten. Davon hatte ich zwar schon gehört, mich aber nicht eingehend damit beschäftigt.

Plattenfirmen inszenierten damals in dieser virtuellen Welt Partys, um auf diese Weise für neue CDs zu werben.

Da ich neugierig war, schaute ich mir die aufwendig gestaltete «Second-Life»-Welt näher an. Yvonne kannte sich dort bereits gut aus und versprach mir: «Es ist ganz einfach, ich steuere dich da durch und sage dir genau, was du machen musst, damit wir uns dort treffen können.»

Nach stundenlanger Beschäftigung mit diesem Format traf ich «Yvonne» in Form ihres Avatars. Das Verblüffende war: Ich erkannte sie sofort als Yvonne, denn die Person, der ich dort begegnete, sah wirklich so aus wie die Frau, die ich 15 Jahre früher kennengelernt hatte: schwarze Lederklamotten, lange blonde Haare; sie hatte ihre Grundzüge perfektioniert und präsentierte sich so, wie sie sich in ihrer Idealvorstellung sah.

Ich hatte mir vorgenommen, als die echte Sabina dort durch die Welt gehen und zu sehen, was dann passiert. Also kaufte ich in einem Metal-Shop passende Kleidung und war beeindruckt: Meine Doppelgängerin in «Second Life» glich meinem tatsächlichen Äußeren verblüffend genau. In einer Musikkneipe kamen gar «Menschen» auf mich zu, die mich fragten, ob ich Sabina von Holy Moses sei.

Bei aller Begeisterung fand ich dieses Erlebnis auch etwas unheimlich, und als ich irgendwann auf die Uhr schaute, war es vier Uhr morgens. Getroffen hatte ich mich mit Yvonne um 19 Uhr. Ich hatte mich also volle neun Stunden in der virtuellen Welt aufgehalten und merkte auf einmal, dass ich aufhören wollte. Ich musste erst einmal verarbeiten, was hier in den letzten Stunden passiert war.

Als ich ins Bett ging, machte sich eine ganz neue Empfindung, eine mir unbekannte digitale Katerstimmung in mir breit. Ich war froh, dass der Computer aus war und ich mich bewusst an Armen und Beinen berühren konnte, um zu fühlen, dass ich wirklich da war und dass ich in meinem richtigen Bett in meinem Haus lag.

In den nächsten Tagen bombardierte mich Yvonne mit E-Mails, wann ich wieder ins «Second Life» käme; sie wolle sich mit mir treffen. Das Angebot, doch mit mir zu telefonieren, mir Fotos aus ihrer realen Welt zu schicken, zu erzählen, was sie gerade machte und wie sie lebte, lehnte sie vehement ab. Ich startete daraufhin noch einen Versuch und traf mich einige Tage später wieder in «Second Life» mit ihr. Aber ich sagte ihr gleich, dass ich nur eine Stunde Zeit hätte, da ich mit anderen Dingen stark beschäftigt sei und meinen Schlaf brauche. So trafen wir uns noch einmal dort; indessen weigerte ich mich, dort «Geld» einzutauschen oder anderes, und nach genau einer Stunde verabschiedete ich mich.

Yvonne hatte wohl erkannt, dass ich nicht überzeugt war, und meldete sich fortan nicht mehr. Wir verloren uns erneut aus den Augen.

DAS WIEDERSEHEN

Im November 2014 erreichte mich überraschend eine Mail von Yvonne. Sie wohne wieder in Deutschland und habe meine Sendungen auf RTL II gesehen. Sie überlege schon länger, ob sie sich bei mir melden sollte, doch erst jetzt sei der Moment gekommen, in dem es unbedingt notwendig sei: Ob ich ihr helfen könne, sie müsse dringend ihr Leben wieder in den Griff bekommen.

Wir blieben in Kontakt, und ich registrierte, dass in ihren E-Mails weder Adresse noch Telefonnummer enthalten war: Sie brauchte Zeit. Ich ermutigte sie, mir doch per E-Mail etwas mehr über sich zu schreiben, vor allem, was genau in ihrem Leben sie wieder in den Griff bekommen wolle. Schließlich ging sie den entscheidenden ersten Schritt und bat mich um einen Termin in der Praxis.

Wenig später klingelte es an der Praxistür, und wir standen uns, über 25 Jahre nachdem wir uns das erste Mal gesehen hatten, wieder persönlich gegenüber. Hätte ich nicht gewusst,

dass es sich um «meine» Yvonne handelte, ich hätte Schwierigkeiten gehabt, sie zu erkennen. Sie hatte mich per Mail «vor-
gewarnt», dass ich eine andere Yvonne sehen würde als die, die
ich kannte. Es sei für sie schwierig, so vor mich zu treten, aber
durch meine Sendungen habe sie den Eindruck gewonnen,
dass ich niemanden verurteile und vielen wirklich helfen könne.
Bei mir habe sie dieses Gefühl, dass ich jeden so annehme, wie
er ist. Andere Therapeuten schließe sie aus, nur ihrem Hausarzt
habe sie sich anvertraut, nachdem sie an einen Suizid gedacht
habe. Dieser hatte sie vor einiger Zeit auf Antidepressiva eingestellt; das habe ihr auch geholfen, sich bei mir zu melden.

Yvonne war mittlerweile 47 Jahre alt und hatte enorm zugenom-
men; ihr Gesicht war faltig und grau, die Wangen stark gerö-
tet. Sie hatte tiefe Tränensäcke unter den Augen und deutlich
erkennbare Wasseransammlungen in den Beinen. Die komplett
schwarze Kleidung wirkte zwar sauber, jedoch im Gegensatz
zu früher lieblos zusammengestellt. Sie schien sehr erleichtert zu sein, als ich sie erst mal einfach nur in die Arme nahm,
anlächelte und fest drückte. Dann erzählte sie mir, was bis zu
unserem Treffen in «Second Life» passiert war.

YVONNES GESCHICHTE

1996 war sie schwanger geworden, ein sehnlicher Wunsch von
ihr, verlor aber das Kind in der 12. Woche. Als sie sich wieder
einigermaßen gefangen hatte und bereit für eine neue Schwan-
gerschaft war, wurde Marc nach Detroit versetzt, es folgte also
ein erneuter Umzug. In Detroit kannte sie niemanden, aber sie
versuchte in der völlig fremden Stadt einen Neuanfang. In dieser
Situation musste Marc wieder für lange Zeit in einen Auslands-

einsatz. Und er kehrte dann nicht mehr zu Yvonne zurück, sondern hielt sie zwei Jahre lang hin und bat sie am Ende um die Einwilligung in die Scheidung; er wolle neu heiraten. In Detroit fand sie in diesen zwei Jahren keinen Anschluss, weder eine Arbeitsstelle noch neue Freunde. Sie lebte am Rande des Existenzminimums, ohne Krankenversicherung und nur von Gelegenheitsjobs. Ihr gemeinsames Konto existierte nicht mehr, und er überwies auch kein Geld auf ihr eigenes Konto. Sie vereinsamte und zog sich in ihre Wohnung zurück.

Die kleinen Jobs ließen Zeit genug, Computerspiele zu spielen und Alkohol zu trinken. Schleichend veränderte sich ihr Essverhalten. Der Burgerladen direkt an der Straßenecke nahe ihrer Zweizimmerwohnung wurde ihre wichtigste Nahrungsquelle, beim Computer lagen immer diverse Naschereien. Vor allem aber trank sie Cola, um wach zu bleiben, denn Yvonne hatte schon lange das Gefühl, die Welt würde noch unsicherer und schlimme Dinge würden passieren, wenn sie schliefe.

Zwei alte Freunde halfen ihr schließlich bei der Rückkehr nach Los Angeles, wo sie eine Wohnung in einem alten, leerstehenden Haus fand. Ein Gefühl des Neuanfangs, so berichtete sie mir, hatte sich damals bei ihr eingestellt, auch für Arbeit als Aushilfe in ihrer alten Firma am Flughafen war gesorgt. Als nach 12 Monaten der Vertrag nicht verlängert wurde, fiel sie wieder in ein tiefes Loch. Schließlich bekam sie eine neue Chance bei einer Tierrettungsfirma, bei der sie alle möglichen Arbeiten erledigte.

Sie verdiente nicht viel Geld, konnte aber wenigstens wieder eine Krankenversicherung abschließen und war durchgehend beschäftigt. Marc tauchte nicht wieder auf.

Ende 2002 lag plötzlich eine hohe Rechnung im Briefkasten. Marc war an einer Überdosis Heroin gestorben, und Yvonne sollte die Beerdigung bezahlen, da die Scheidung von ihm noch nicht stattgefunden hatte. Nach diesem Schock wurde auch noch die Tierrettung von heute auf morgen geschlossen, weil kein Geld mehr da war.

Yvonne entschloss sich, obwohl sie selber kaum Geld zum Leben hatte, diverse Tiere in ihrem baufälligen Haus aufzunehmen, weil sie dort zumindest einen Garten hatte. Einige Gönner der alten Tierrettung unterstützten sie, doch war sie nun wieder ohne Krankenversicherung und lebte von gelegentlichen Putzjobs, um sich und die Tiere über Wasser zu halten. Für einen ihrer Auftraggeber konnte sie zusätzlich Arbeiten am PC erledigen und bekam dafür einen kostenlosen Internetanschluss für ihr Haus. Dann entdeckte sie «Second Life».

Yvonne hatte schnell das Gefühl, dass sie dort wieder jene Yvonne sein durfte, die sie einmal gewesen war. «Diese Scheinwelt war für mich eine Ersatzheimat», berichtete sie mir, «die mich über meine deprimierende reale Situation hinwegtröstete.» Oft verbrachte sie mehr als 12 Stunden am Tag in der virtuellen Welt. Nebenbei versorgte sie noch die Tiere und unterbrach den Aufenthalt in der Scheinwelt für ihren Putzjob oder die PC-Arbeiten im Auftrage ihres Kunden.

Doch auch dieser Rest von Kontrolle über das eigene Leben verschwand, irgendwann musste sie «Second Life» gar nicht mehr verlassen, denn sie hatte von ihrem Kunden ein Laptop bekommen und damit nun zwei Rechner gleichzeitig zur Verfügung. Bis auf ein paar Stunden Schlaf saß Yvonne nun durchgehend vor dem Computer. Als 2005 die letzten beiden Hunde ihres privaten «Tierasyls» starben, verließ sie das Haus fast gar nicht mehr.

Das war der Zeitpunkt, zu dem unser kurzer Kontakt in «Second Life» stattgefunden hatte. Sie hatte mir damals nicht die Wahrheit erzählen wollen, aber den Kontakt gesucht, um sich vor allem über den Tod der beiden Hunde hinwegzutrösten. Ich war für sie ein Teil ihrer alten realen Welt, die sie mit ins «Second Life» holen wollte. In den Jahren danach kamen andere Onlinespiele dazu, die sie mit diversen Avataren nutzte, in denen sie immer eine starke, gutaussehende Frau war.

DAS NETZ ALS VERMEINTLICHER SCHUTZRAUM

Yvonne versuchte, mir zu beschreiben, was geschehen war. Für sie sei das Internet ein Schutzraum geworden, hier habe man ihr auch zugehört. Ihre Alltagsprobleme indes blieben bestehen. Um wach zu bleiben, steigerte sie ihren Cola-Konsum, feste Nahrung bestand nur noch aus Junk-Food. Dazu kam ein erheblicher Drogenkonsum, neben immer mehr Alkohol auch Kokain. Sie lebte nur noch für ihren Computer, schon lange hatte sie das Gefühl, dass keiner mehr sie verstand und liebte. Aber auch sie selbst liebte sich nicht mehr. Spiegel verbannte sie nach und nach aus ihrem Haus, um sich nicht mehr ansehen zu müssen. Dann: die Kündigung des Aushilfsjobs, keine wirtschaftliche Grundlage mehr, die Kündigung der Wohnung; aus dieser Situation heraus ein erster Hilferuf an ihre in Deutschland lebende Schwester. Sie war die einzige Person, der sie ab und zu noch eine E-Mail geschrieben hatte. Weil die Räumungsklage für das Haus ihr den Boden unter den Füßen weggezogen und sie den Hilferuf mit einer Suizidandrohung verbunden hatte, reagierte ihre Schwester sofort und schickte ihr ein Flugticket nach Deutschland.

RÜCKKEHR NACH DEUTSCHLAND – EINE KLEINE CHANCE

Yvonne ergriff diese Chance zunächst. Sie flog nach München und kam bei ihrer Schwester unter. Es schien aufwärtszugehen, zusätzlich bekam sie Psychopharmaka verschrieben und konnte sich von der akuten Krise auf einer Psychotherapie-Station erholen. Doch nach der Klinik holte sie das Leben wieder ein. Die Schwester wollte sie nicht wieder aufnehmen, gleichzeitig kamen alte Geschichten aus der Familie wieder hoch, als sie versuchte, mit den seit ihrer Kindheit geschiedenen Eltern Kontakt aufzunehmen. Der Vater war mittlerweile schwer alkoholkrank, die Mutter in einer neuen Beziehung. Von ihr bekam sie zu hören: «Du bist nicht meine Tochter, meine Tochter sieht anders aus und ist eine erfolgreiche Geschäftsfrau in den USA.»

Mit letzter Kraft wollte Yvonne jetzt nur noch weit weg von dieser feindlichen alten Welt. Eine Rückkehr in die USA war ausgeschlossen, aber sie wollte weit weg von München sein; so kam sie nach Hamburg.

Die Hoffnung auf Besserung jedoch war trügerisch, es ging weiter wie zuvor; ohne Kontakt und Freunde, verschwand sie wieder in der Online-Welt. Zusätzlich zu «Second Life» begann sie, das Online-Spiel «World of Warcraft» zu spielen.

Ihr Leben wurde zu einem einzigen Spielrausch. Es begann normalerweise in der Mittagszeit und endete selten vor sieben Uhr morgens. Der Tag-Nacht-Rhythmus kehrte sich völlig um. Ihr Zimmer verließ sie nur, um Junk-Food zu besorgen.

Wenn sie spielte, war sie in der Lage, Glück zu empfinden, Glück für diese virtuelle Person, die sie mit ihrem eigentlichen Ich verwechselte. Zu dieser Zeit brachen dann die letzten Dämme, und neben der eigenen Verwahrlosung fing auch die Verwahrlosung der Wohnung an. Yvonne räumte nicht mehr auf, sie wusch ihre Kleidung nicht mehr, zog immer das Gleiche an. Hinzu kamen massive weitere körperliche Beschwerden.

HILFERUF MIT LETZTER KRAFT
Da neben dem Computer auch der Fernseher ständig lief, sah Yvonne durch einen Zufall meine Sendung auf RTL II und erinnerte sich an mich.

Ich hörte ihr zunächst einfach nur zu und bemerkte vom ersten Moment an: Sie hatte Krankheitseinsicht und wollte Hilfe annehmen. In der praktischen Arbeit versuchten wir zunächst zu ergründen, wie sie die Welt sieht. Dabei kristallisierten sich schließlich drei verschiedene Welten heraus, die alle eine bedeutende Rolle spielten. In der ersten Welt führte sie ihr altes Leben aus den achtziger Jahren, in einer zweiten gab es nur das Leben der realen Welt, die für sie einfach leer war. Schließlich kam noch eine dritte Welt hinzu, nämlich die ihrer Kindheit mit dem schon damals alkoholabhängigen Vater und dem Zusammenbruch ihrer Ursprungsfamilie.

Nachdem sie so einen Einblick in ihre Weltsicht bekommen hatte, gingen wir in die erste Hypnosesitzung. Erst danach, so wusste ich, würde es möglich sein, mit ihr an strukturellen Dingen wie einem neuen Tagesrhythmus zu arbeiten.

DIE HYPNOSE

Aus diesem Beispiel geht deutlich hervor, warum ich gerne intensiv mit Hypnose arbeite und wie eine solche Sitzung funktioniert.

Ich versetzte Yvonne in eine tiefe Trance und fragte sie nach einem Bild, das zu ihrer Lebenssituation passte. Zur besseren Vorstellung für Sie als Leser dokumentiere ich hier die Sitzung im Wortlaut:

Yvonne: Ich sehe zwei Wüsten.

Ich: Wenn dort ein Mensch lebt, wie sieht er aus?

Yvonne: Der ist ganz dürr und dann wieder ganz dick, und der springt immer von einer Wüste in die andere, so als ob ein Seil wie ein Springseil zwischen den beiden Wüsten gespannt ist.

Ich: Was ist dort noch?

Yvonne: Dieser Mensch rennt da ganz alleine rum, der sucht Wasser, der rennt durch den Sand, aber seine Füße verschwinden immer wieder in dem Sand, und dann sieht er ein Licht und dann ist es wieder weg, und er rennt und sucht weiter, und da sind keine Pflanzen oder Tiere, und immer wenn er welche sieht, dann verschwinden die wieder, wenn er nach ihnen greifen will.

Ich: Wenn du fühlen könntest, was dieser Mensch fühlt, was sind das für Gefühle?

Yvonne: Der fühlt nichts, der hat keine Gefühle, der steht einfach nur unter Spannung, der sucht was, was er nicht finden kann, was immer wieder verschwindet, wenn er denkt, er kann es greifen. Es ist wie eine Situation, die man aushalten muss, wo man nicht rauskann, da ist nichts mehr, da ist alles tot, und wenn was lebendig wird, ist es wieder wie tot, da ist alles grau und sandig, da sind keine Farben.

Ich: Was würde diese Person fühlen, wenn sie etwas fühlt?

Yvonne: Sie fühlt eine Verzweiflung, eine Ausweglosigkeit, da ist was tiefes kaltes Dunkles.

Ich: Jetzt stell dir mal eine Person vor, zu der dieses Gefühl, dieses Bild gar nicht passt und die das niemals erfahren würde – was für ein Bild siehst du jetzt?

Yvonne: Da ist was Buntes, ja, da ist eine große Menge an Menschen, die miteinander reden und Spaß haben, da ist eine Grillparty, die hören laut Musik und lachen ganz viel. Die tanzen zusammen und umarmen sich. Da ist ganz viel Weite und Raum. Da ist es schön.

Ich möchte am liebsten in die Mitte dieser Gruppe und hineinspringen.

Ich: Dann mache es doch mal.

Yvonne: Ich spüre meinen Körper bei den Umarmungen, ich spüre Lebenslust, ich tanze mit!

Tränen liefen über das Gesicht von Yvonne, und ich ließ sie noch einige Zeit in diesem Bild, bevor ich sie aus der Trance herausholte.

Spontan berichtete sie mir, dass sie sich ganz anders gefühlt habe als in der virtuellen Welt. Die Umarmungen hatten etwas sehr Körperliches, so etwas habe sie vermisst.

Bevor wir tiefer in die Therapie einstiegen, vereinbarte ich mit Yvonne einen «Non-Suizid-Vertrag». Das ist bei Klienten mit spürbarer Selbstmordgefährdung sinnvoll. Für Angehörige und Freunde gibt es in einer akuten Krise mehrere Möglichkeiten.

Wenn es wirklich um Leben und Tod geht, dann hilft nur eines: den Notruf 112 anzurufen. Die Notfallmediziner sind immer auch für Notfälle im Rahmen einer psychischen Krise zuständig. Wenn der Eindruck besteht, dass sich jemand das Leben nehmen will, muss zusätzlich die Polizei unter 110 angerufen werden. Der psychiatrische Notdienst trifft dann die Entscheidung, ob eine Einweisung in die Klinik erfolgt. Ist der *Sozialpsychiatrische Notdienst** nicht erreichbar, erfolgt die Einweisung in jedem Fall. Jedes Bundesland hat seine eigene Regelung, wie lange dieser Klinikaufenthalt dauert. Wichtig zu wissen ist, dass jede Region einen solchen psychiatrischen Notdienst hat, der für Kinder, Jugendliche und Erwachsene gleichermaßen zuständig ist. Geregelt sind diese Dinge in den «Psychisch-Kranken-Gesetzen» der Länder (*PsychKG**).

Ich ließ Yvonne deutlich spüren, dass sie nun jemanden an ihrer Seite hatte, der ihr helfen wollte und konnte. Nach den offiziellen Testverfahren war klar, dass die Kriterien für Internetabhängigkeit gemäß den Anforderungen von Kimberly Young vorlagen, einer amerikanischen Spezialistin für dieses Phänomen. Auch die Kriterien für die Abhängigkeit von Online-Spielen nach dem *DSM-5** von 2013 waren gegeben. Nach einiger Zeit in der Therapie konnte Yvonne fühlen, dass sie eine Abhängigkeit von Online-Computerspielen entwickelt hatte, dazu auch eine Abhängigkeit von sozialen Netzwerken.

Die Arbeit mit Yvonne dauert noch an, während ich diese Zeilen schreibe. Wir setzen die Hypnoanalyse fort, arbeiten am «Inneren Kind» und erstellen neue Tagesstrukturen.

Eine Aufgabe, die ich ihr gestellt habe, lautet, jeden Tag ganz alleine eine Stunde durch den Wald zu gehen. Ohne jede

Ablenkung. Während des Spaziergangs soll sie möglichst nicht aktiv über etwas nachdenken, dafür aber danach alle Gefühle und Gedanken, die gekommen sind, aufschreiben.

Während der Therapie hat sich Yvonne immer sehr unterschiedlich verhalten. Auf Außenstehende könnte es wirken, als hätte man es mit unterschiedlichen Persönlichkeiten in ein und derselben Person zu tun. Yvonne zeigte über die ersten Wochen und Monate unserer Zusammenarbeit die Symptome einer dissoziativen Identitätsstörung, die auch multiple Persönlichkeitsstörung genannt wird. Explizit gesagt hieß das: Was ich und auch andere wahrnahmen, waren die Identitätssplitter, die aus den Rollen in ihren Online-Spielen an die Oberfläche gelangten.

Nach mehreren Wochen der Therapie gewann sie Abstand vom Internet. Erreicht haben wir das unter anderem, weil wir klare Zeiten vereinbart haben. Darüber hinaus hat sie wieder Kontakt mit realen Menschen, etwa durch eine Yoga-Gruppe, die ich vermittelt habe, durch einen Töpferkurs und einen Nähkurs. Je mehr solcher Unternehmungen sie macht, desto schneller fallen die Masken, hinter denen sie sich bisher verstecken musste.

So konnten wir nun auch an ihrer verwahrlosten Wohnung in Hamburg arbeiten. Ich besuchte sie dort und konnte sie bei den ersten Schritten begleiten. Wir nahmen uns vor, immer ein kleines Stück nach dem anderen umzusetzen, öffneten etwa gemeinsam die Briefe, die liegengeblieben waren. Ich begleitete sie außerdem zum Amt und bin in ständigem Kontakt zu ihren behandelnden Ärzten.

Mittlerweile ist die Wohnung ordentlich, da Yvonne sich die Zeit dazu nimmt, immer sofort alles wegzuräumen. Sie beginnt, ein

Gefühl dafür zu entwickeln, dass es um sie selber geht und dass ihr das guttut. Sie löst sich von selbst mehr und mehr aus der Online-Welt, weil sie merkt, dass es für sie wichtiger ist, in einer liebevollen Umgebung zu leben. Sie hat die Wohnung gestrichen und so den gelben Schimmer an den Wänden beseitigt, der sich durch das viele Rauchen am Computer überall verbreitet hatte; mittlerweile begrüßt die Wohnung den Besucher in hellen bunten Farben. Vor kurzem konnte sie mir in der Therapiestunde erzählen, dass sie im Tierheim war und sich einen Hund geholt hat. Zwar gibt es nach wie vor die wichtige Stunde am Tag, in der sie ohne jede Ablenkung durch den Wald laufen soll, doch geht sie nun noch zusätzlich mehrmals täglich mit dem Hund nach draußen.

AUFARBEITUNG DER FAMILIENGESCHICHTE

Es gehört zu meinem therapeutischen Konzept, dass ich ganzheitlich mit dem Klienten arbeiten muss, um wirklich langfristige Erfolge zu erzielen. Mit Yvonne durfte ich folglich nicht bei der sauberen Wohnung und der langsamen Abkehr von der Online-Welt stehenbleiben. Wir begannen also, die Familiengeschichte aufzuarbeiten, und sind bis heute damit beschäftigt. Es fällt auf, dass sie sich schon sehr früh in eigene Welten zurückgezogen und dabei alles andere vergessen hatte. Als Kind verzog sie sich in ihre Höhlen und verschloss ihr Zimmer, damit sie nicht in die Hände des aggressiven, alkoholabhängigen Vaters geriet. Die Mutter entzog sich der Welt, indem sie einfach nicht zu Hause war, sondern bei ihrem Freund, und das kleine Mädchen mit dem Vater alleine ließ.

Schon damals vernachlässigten beide Eltern sowohl die Wohnung als auch die beiden Schwestern, Yvonne kannte Wohnungen also schon in dieser Zeit nur als Chaos. Als Jugendliche half ihr dann die Musik, in eine eigene Welt zu verschwinden. Damals gab es allerdings auch Freunde, mit denen sie ihre Vorlieben teilen und ausleben konnte.

In der Therapie kamen ihr schließlich auch all die Bilder in Erinnerung, die sie in der Kindheit und Jugend gemalt hatte. Eine weitere Hypnose hat sie dazu veranlasst, diese Bilder erneut zu malen. Jedes Mal geht es dabei um eine Phantasiewelt. Dadurch ist ihr klargeworden, warum es so schnell ging, in das «Second Life» abzutauchen: Sie hatte sich immer schon eine zweite Welt, ein zweites paralleles Leben aufgebaut; schon als Kind war das ihre Strategie gewesen, der realen Welt zu entfliehen. Auch die USA waren für sie bereits eine «Second World». Immer wieder ging es in Yvonnes Vergangenheit um Fluchten in Parallelwelten, um in der eigentlichen Welt nicht mit Problemen konfrontiert zu werden.

Weiter begannen wir, an ihrer äußeren Erscheinung zu arbeiten. Yvonne sollte sich selbst wieder annehmen und lieben lernen. Gleichzeitig achtet sie wieder auf eine gesunde Ernährung. Je besser Yvonne sich fühlt, desto mehr kümmert sie sich um die Wohnung. Die Verbesserung der Lebensqualität erfolgt also auf mehreren Ebenen parallel, innere und äußere Ordnung sind abhängig voneinander. In acht Monaten Therapie hat sie bereits 20 Kilo auf gesunde Art und Weise abgenommen, was ihr Selbstbewusstsein enorm stärkt. Sie geht wieder unter Menschen und ist viel fröhlicher geworden.

Post zu öffnen ist immer noch schwierig; damit sie sich aber nicht ansammelt, haben wir vereinbart, dass sie alles mit zur

Therapie bringt. Längst öffnet sie aber auf sie «ungefährlich» wirkende Briefe auch selbst.

Wichtig bleibt, dass wir weiter in kurzen Abständen konkrete Therapieziele vereinbaren. Wir haben den Online-Spiel-Konsum reduziert und die Avatar-Spiele komplett gestrichen. Bei Facebook agiert Yvonne mittlerweile nicht mehr unter den Namen ihres männlichen Avatars, da sie erkannt hat, dass auch das eine ihrer vielen Masken war.

Von vornherein war klar: Wer jahrelang in Online-Rollenspiele abgetaucht war, konnte nicht von heute auf morgen aufhören. Also ging es darum, zu lernen, die Stunden fürs Spielen einzuteilen, um auch hier Eigenverantwortung zu übernehmen. Wenn sie diese Zeiten doch einmal überschreitet und dann auch in der Wohnung wieder ein kleines Chaos entsteht, thematisieren wir das sofort in der Therapie. Wir schauen es uns dann an, ohne dass ich den «Rückfall» verurteile. Es geht darum, dass Yvonne die Gründe für ihr Handeln versteht.

Man kann sich das alles vielleicht nur schwer vorstellen, wenn man es zum ersten Mal hört, aber es geschieht wirklich, und Yvonne ist nicht die Einzige meiner Klienten, bei denen eine Verbindung von Online-Spielsucht, Internetabhängigkeit und einer Messie-Problematik vorliegt. Gerade in den letzten drei Jahren ist dergleichen vermehrt vorgekommen.

Yvonne ist in meiner Praxis allerdings die einzige Frau, bei der die Problematik so massiv geworden ist. Die Dunkelziffer indes wird sehr hoch eingeschätzt. Ich habe eine weitere Klientin mit einem Online-Spiel-Problem, mit der ich gerade arbeite und die ihr Leben nach und nach wieder in den Griff bekommt.

Den größeren Anteil bei mir in der Therapie stellen jedoch Männer, oft werden sie von ihren Chefs geschickt, weil der Verlust des Arbeitsplatzes kurz bevorsteht. Dazu kommen alleinstehende Männer, die in eine Situation zwischen Wohnungsverwahrlosung, Cybersex-Sucht und Online-Spielsucht geraten sind.

YVONNE HEUTE

Yvonne hat von Kindesbeinen an Ausgrenzung erfahren: in der Schule, innerhalb ihrer Familie, als Ehefrau eines Army-Soldaten sowie als Deutsche in den USA. Yvonne konnte mir nach einigen Wochen auch erzählen, dass Marc sie geschlagen hatte, wenn er zu viel Alkohol getrunken hatte, und dass sie nie mit ihm und seinen Freunden auf Partys hatte gehen dürfen. Wenn er zu Hause war, hatte er sie kontrolliert; nur die Zeiten seiner Auslandseinsätze bei der Army konnte sie nutzen, um sich mit anderen zu treffen. Das hatte sie allen Freunden und Bekannten von Beginn an verschwiegen. Dieses Verheimlichen spielte in Yvonnes Leben eine wichtige Rolle. Sie hat eigentlich immer schon verschiedene Leben in verschiedenen Welten gelebt; sie konnte sich gut in andere Rollen fallen lassen. Diese Rollen schützen sie davor, nicht über das nachdenken zu müssen, was sie seit ihrer Kindheit schwer belastete. In einer solchen Lage in eine Online-Abhängigkeit zu rutschen ist nicht unwahrscheinlich. In der Online-Welt gibt es einen scheinbaren sozialen Zusammenhalt, dazu kommen spielerische Elemente, das Erleben von Unendlichkeit, Offenheit und Werte. Yvonne konnte dort mit ihren Identitäten spielen, und sie konnte durch ihre Avatare Beziehungen eingehen, die sie in der realen Welt nicht hatte.

Ich habe Yvonnes Geschichte so ausführlich erzählt, um begreiflich zu machen, wie viele verschiedene Facetten das Messie-Phänomen hat, darunter auch solche Facetten, die wir im ersten Moment nicht mit dem Klischee vom Messie zusammenbringen. Wer genauer hinsieht, beginnt zu verstehen, wie all die kleinen Dinge, die in Yvonnes Leben verkehrt gelaufen sind, sie auf diese Abwege gebracht haben – er beginnt aber auch zu verstehen, dass nichts davon unumkehrbar ist.

DAS PHÄNOMEN – EINE KLEINE TYPOLOGIE

Ich möchte in diesem Kapitel ein paar Messie-Typen beschreiben, wie sie mir immer wieder begegnen. Die Liste soll illustrieren, welche Bandbreite dieses Phänomen hat und wie weit entfernt es vom Klischee desjenigen ist, der «einfach nur irgendwie nicht aufräumen» kann. Auch innerhalb dieser Typen gibt es Differenzierungen, und nicht jeder Klient lässt sich eindeutig einem Typus zuordnen. Trotzdem hilft die Beschreibung der wiederkehrenden Auffälligkeiten vielleicht auch Ihnen als Leser dabei, zu verstehen, womit Sie es bei sich selbst oder bei Menschen in Ihrem Umfeld, denen Sie vielleicht gerne helfen möchten, zu tun haben könnten.

DER VISIONÄR

Diese Menschen hängen Idealen und Visionen nach, auf die sie sich fokussieren. Ihr ganzes Denken kreist darum, und sie sind begeistert bei der Sache. Der Rest der Welt allerdings verliert an Bedeutung und wird mehr und mehr vernachlässigt, wodurch dann chaotische Zustände entstehen.

Oft haben wir es hier mit Menschen zu tun, die einen Beruf ergriffen haben, der sie nicht ausfüllt und zu reiner Pflichterfüllung verkommen ist. Die Ideen und Visionen, mit denen sie sich im Privatleben beschäftigen, helfen dann dabei, die ungeliebte Realität auszublenden und ganz in der eigenen Wunschwelt aufzugehen.

Dabei verlieren diese Menschen den Blick für alles, was um sie herum geschieht, letztlich auch das Gefühl für sich selbst. In der Therapie versuche ich zu erreichen, dass der Klient sein Selbst wiederfindet, und setze dazu gerne Rollenspiele ein. Da die Stärken dieser Menschen im Beruf nicht zum Tragen kommen, kann sogar ein Berufswechsel sinnvoll sein. Eine Tätigkeit, die der Begeisterungsfähigkeit mehr Raum gibt, reicht manchmal schon, um das Leben wieder in geordnete Bahnen zu lenken.

Ein Beispiel für einen «Messie mit Visionen» ist mein Klient Andreas, der auf Empfehlung einer weiteren Klientin zu mir kam. Andreas hatte sie, eine Anwältin, um Unterstützung gebeten, weil sein Umfeld für ihn rechtliche Betreuung in Finanzangelegenheiten und im Gesundheitsbereich beantragt hatte. Er ist 39 Jahre alt und erklärte mir im Erstgespräch sehr reflektiert, dass sein Vater ein pensionierter Neurologe sei, seine Mutter Lehrerin im Ruhestand. Seine Eltern hielten ihn für «manisch-depressiv», also das, was man heute «bipolare Störung» nennt. Bereits als Kind habe sein Vater bei ihm ADHS diagnostiziert und ihm Psychopharmaka verabreicht. Seine Eltern werfen ihm vor, manisch viele Dinge zu kaufen, der Zustand seiner Wohnung sei der Beweis dafür. Mittlerweile gehen sie so weit, dass sie ihn entmündigen wollen, da er sich weigere, die von den Eltern verordneten Psychopharmaka weiterzunehmen.

Andreas sagte zu mir: «Ich bin zwar ein Messie, das gebe ich zu, aber ich bin nicht manisch und erst recht nicht depressiv, und deshalb bin ich nun bei Ihnen.»

Die von Andreas' Vater gestellte Diagnose «manisch-depressiv» behielt ich für die Therapie im Hinterkopf, da dies nach Ansicht vieler Ärzte eine unheilbare Krankheit ist, die unter den alten Begriff der Wahnerkrankungen fällt. Ich gab Andreas Gelegenheit, als ersten Schritt im Rahmen einer Gesprächstherapie von sich und seiner Selbstdiagnose «Messie» zu berichten. Dabei wurde klar, dass er keinesfalls manisch-depressiv war, sondern eine bestimmte Ausprägung der Messie-Symptomatik aufwies, die ich dann «Messie mit Visionen» taufte.

In seinem Beruf als Informatiker und Programmierer arbeitete Andreas sehr genau, war aber nicht ausgefüllt. Dafür klammerte er sich in seinem Privatleben an immer neue Ideen und Visionen. So war er ein vielseitiger Extremsportler, nämlich unter anderem Bergsteiger, Kletterer, Surfer, Taucher und Abenteuerreisender. Zu seinen Themen besaß er unzählige Bücher, CDs und DVDs. Die chaotischen Zustände in seiner Wohnung, die er ja auch gar nicht leugnete, entstanden dadurch, dass der Inhalt der Reisetaschen nach Urlauben oder Kurztrips nicht wegsortiert wurde. Kleidung lag in der Wohnung verstreut und wurde nicht gewaschen, neue Bücher, Zeitschriften und DVDs stapelten sich in der Wohnung. Seine Lebensmitteleinkäufe sortierte Andreas ebenfalls oft nicht weg, sondern legte sie irgendwo in das bereits vorhandene Chaos, das Gleiche galt für benutztes Geschirr, das dort stehenblieb, wo es zuletzt benutzt wurde.

Andreas hatte den Blick für alles um ihn herum verloren und schließlich auch das Gefühl für sich selbst. Er beschäftigte sich fast ausschließlich und immer intensiver mit seinen Sportarten und Reisen. Dies half ihm einerseits dabei, die strenge Erziehung der Kindheit zu vergessen, andererseits floh er damit auch vor den Erwartungen seines beruflichen und privaten Umfelds.

Zuletzt hatte er begonnen, Vorträge über seine Extremreisen und sportlichen Aktivitäten zu halten und Videos dazu zu produzieren. Doch er verzettelte sich bei den vielfältigen privaten Projekten, die er mit seiner enormen Begeisterungsfähigkeit immer wieder anfing, ihm fehlte die Struktur in seinen Vorhaben. Er hatte ständig neue Ideen, führte aber nichts zu Ende. Die Vernachlässigung des eigenen Selbst wurde dann nach außen unter anderem in den chaotischen Zuständen in der Wohnung sichtbar.

DER REBELL

Diese Erscheinungsform möchte ich ebenfalls anhand eines Beispiels erklären. Ein 50-jähriger Mann kam mit einer zwei Jahre älteren Schwester zu mir in die Therapie, weil er sein Haus so sehr hatte verkommen lassen, dass es fast nicht mehr bewohnbar war. Er erzählte mir, dass er seit 30 Jahren als Jurastudent eingeschrieben sei, jedoch nie einen Abschluss gemacht habe.

Sein Vater war früh gestorben, die Mutter war Rechtsanwältin, und er fühlte sich sein Leben lang in allem, was er tat, von ihr kontrolliert. Auch die Entscheidung für das Jurastudium habe sie für ihn getroffen, die Anwältin hatte es für selbstverständlich gehalten, dass er in ihre Fußstapfen trat. Er selbst wurde nicht gefragt, obwohl er dachte, dass sein Talent eher im künstlerischen Bereich lag. Auch bei anderen wichtigen Entscheidungen, so erinnert er sich, wurde er nie nach seiner Meinung gefragt. Als erwachsener Mann lebte er noch im Haus der Mutter, das zu jener Zeit von dieser immer akribisch sauber gehalten wurde.

Zwischendurch, so beschrieb er es, kam es zu einer Art Ausbruchsversuch, indem er das gemeinsame Haus verließ, um sich selbst eine Wohnung zu suchen. Diese Wohnung, die es zum Zeitpunkt der Therapie immer noch gab, sei in kurzer Zeit in einem so chaotischen Zustand gewesen, dass sie schließlich unbewohnbar war und er ins Haus der Mutter zurückkehren musste. Als die Mutter starb, habe er auch in dem Haus, in dem er nun alleine wohnte, keine Ordnung halten können, und nach einiger Zeit habe es dort genauso ausgesehen wie vorher schon in der eigenen Wohnung.

In der Therapie konnten wir sehr gut herausarbeiten, dass er sowohl mit dem ewigen Studium als auch mit der Vermüllung von Wohnung und Haus gegen die übermächtige Mutter rebellierte, der er sich nie gewachsen gefühlt hatte. Kurz nach dem Tod der Mutter drohte sich alles mit der Schwester zu wiederholen, die ebenfalls Juristin war und ihn nun ihrerseits unter Druck setzte. Er habe sich seiner Schwester gegenüber wie ein kleines Kind gefühlt, wenn sie ihm Aufträge erteilt habe. Sie wies ihn beispielsweise an, den Rasen zu mähen, den Müll rauszubringen und andere Dinge mehr zu erledigen. Für ihn begab sie sich dadurch in die Rolle der Mutter.

Durch die Erkenntnisse, zu denen er aus eigenem Antrieb im Laufe der Therapie gelangt war, konnte er sich schließlich von dem Haus trennen, sich als Jurastudent exmatrikulieren und mit Anfang 50 noch ein Musikstudium beginnen, um endlich seinem künstlerischen Talent gerecht zu werden.

Dieser Ausprägung des Messie-Phänomens begegne ich häufig. Diese Menschen wurden als Kinder in ein Leben gezwungen, das sie nie wollten, und rebellieren mit ihrem Verhalten als Erwachsene unbewusst dagegen. Eine andere Klientin ließ bei sich daheim immer nur das Schlafzimmer im Chaos versinken, keinen anderen Raum. Im Laufe der Therapie kam ein sexueller Missbrauch im Jugendalter zutage. Ihre Seele lehnte sich im Nachhinein gegen das Schreckliche auf, das in einem Schlafzimmer geschehen war. Gerade weil die anderen Räume gar nicht betroffen waren, war diese Form des Messie-Phänomens hier ganz besonders deutlich erkennbar.

DER REINLICHE

Peinlich genaue Ordnung in der Wohnung scheint im Zusammenhang mit Messies zunächst einmal ein Widerspruch in sich zu sein. Hier finden wir jedoch die gleichen seelischen Verletzungen, das gleiche Chaos im Inneren der Betroffenen.

Hier möchte ich eine Geschichte erwähnen, in der es um einen Missbrauch ging, in diesem Fall eines Jungen durch die eigene Mutter im Zusammenspiel mit einer Nachbarin. Der Vater war früh gestorben, an ihn gab es so gut wie keine Erinnerung. Der Klient erinnerte sich unter der Hypnose an mehrere Situationen, in denen in spielerischen Zusammenhängen seine Mutter und die Nachbarin anwesend waren und ihn immer wieder am Genital berührt hatten. In ihm hatte das ein Gefühl der Schmutzigkeit ausgelöst, das er seither nachdrücklich zu bekämpfen suchte.

Der Drang nach Reinlichkeit äußerte sich in seinem Alltag vor allem durch mehrmals tägliches Wäschewaschen. In seiner Dreizimmerwohnung waren kreuz und quer Leinen gespannt, auf denen er die Wäsche trocknete. Wegen dieser durchgehenden Trocknung von Wäsche war die Wohnung feucht geworden und Schimmel hatte sich gebildet. Zudem fand bei ihm das Leben ausschließlich auf dem Boden statt, es gab kein Bettgestell, sondern nur eine Matratze, selbst gegessen wurde auf dem Boden hockend. Das erklärte sich letztlich aus der Tatsache, dass er die ständigen Berührungen durch die Mutter und die andere Frau mit seinem alten Wickeltisch und der damit verbundenen Höhe in Verbindung brachte.

Hier sorgte die übertriebene Reinlichkeit, die sich aus der Kindheitsgeschichte erklären lässt, für eine spezielle Form des Messie-Phänomens. Die Wohnung war nicht im eigentlichen Sinne vermüllt, trotzdem nahezu unbewohnbar durch die Feuchtigkeit und die überall gespannten Leinen. Die Reinlichkeit, die der Klient durch die Kindheitserlebnisse so dringend benötigte, fand er symbolisch in der stets sauberen Wäsche wieder.

Auch sein eigener Körper musste penibel sauber sein. Zu

Beginn hatte er Zweifel, ob er mit einer Therapeutin überhaupt Erfolg haben könne, doch erwies sich im Laufe der Therapie gerade diese Konstellation als gut, da er sich über mich wieder in die Lage versetzt sah, Vertrauen zu einer weiblichen Person aufzubauen.

Was hier im Rahmen der Therapie zusätzlich stattfand, nennt man *Übertragung**. Für das Gefühl des Klienten wurde ich stellvertretend zu seiner Mutter und zu der Nachbarin, sodass er unterdrückte Gefühle wie Wut und Zorn auf mich projizieren und damit abbauen konnte. Auf diese Weise gelang es ihm, die Konflikte aus der Vergangenheit in die Gegenwart zu holen und sie dort in der Auseinandersetzung mit mir als Therapeutin zu lösen.

DER ZEIT-CHAOT

Kennen Sie Menschen, die chronisch zu spät kommen und durch nichts zur Pünktlichkeit zu bewegen sind? Auch hier kann sich ein Messie-Phänomen verbergen.

So hatte ich einen Klienten – ich habe ihn liebevoll den Zeit-Chaoten genannt –, der zu jeder Sitzung zu spät kam. Dabei handelte es sich oft um so heftige Verspätungen, dass uns manchmal nur noch zehn Minuten für die Sitzung blieben. Jedes Mal hatte er eine für sich genommen plausible Erklärung für die Verspätung, und so nutzten wir einfach die verbleibende Zeit der Sitzung. In solchen Momenten kommt es darauf an, dem Klienten keine Vorwürfe zu machen und ihm positiv entgegenzutreten. Nach etwa einem Jahr mit vielen Verspätungen entschuldigte er sich vielmals bei mir. Doch nicht nur das, fortan nahm er die Termine pünktlich wahr. Was war passiert? Er hatte eine Entscheidung getroffen, weil er gespürt hatte, dass die Therapie ihm guttat. Erst dieses Gefühl hatte ihm die Entscheidung ermöglicht.

Sein Problem mit den Verspätungen beschränkte sich nicht auf unsere Therapiesitzungen, sondern betraf auch andere Bereiche seines Lebens, wie er mir berichtete. Während der Therapie erkannte er, dass es sich in allen Fällen um unliebsame Termine handelte, gegen die er sich sträubte. Auch die Therapie muss zu Beginn einen solchen inneren Widerstand ausgelöst haben, den er unbewusst durch die Verspätungen auslebte.

Der Verspätungseffekt tritt vielfach bei Menschen auf, die sich unbewusst vor Dingen verschließen, selbst dann, wenn sie ihnen eigentlich guttun. Wenn diese Klienten fühlen, dass man ihnen nicht mit Druck und Zwang begegnet, sondern ihnen immer wieder die Wahl lässt, sich selbst zu entscheiden, steigt ihre Selbstachtung, und sie sind zunehmend in der Lage, das Problem mit den Verspätungen selbständig abzustellen. Auf den letzten Punkt kommt es vor allem an: Alle Menschen, die zu mir in die Therapie kommen, helfen sich letztlich selbst.

Zentral bei der Auseinandersetzung mit diesen Betroffenen sind bedrohliche, verinnerlichte Beziehungserfahrungen in der Familie. Oft geht es um einen Mangel an Zuwendung, um Nöte, denen nicht genug Aufmerksamkeit geschenkt wurde. Die Therapie soll dann aufzeigen, dass Beziehungen auch anders verlaufen können, indem Offenheit für Beziehungen wieder eingeübt wird. Auch geht es um Depressionen und Zwang, meist als Resultat von Mangel- und Gewalterfahrungen (körperlich und seelisch) in der Kindheit. Festgefahrene Verhaltensmuster mit Hilfe der Therapie «umzulernen» geht nicht von heute auf morgen; es braucht viel Zeit. Das ist fast immer so, vor allem wenn eine Störung vielschichtig motiviert und ihre klinische Einordnung schwierig ist.

DER SENTIMENTALE

Diese Form der Messie-Problematik ist für den Außenstehenden sehr gut nachzuvollziehen, weil sie tatsächlich mit dem chronischen Sammeln und Horten aller möglichen Dinge einhergeht und damit auf den ersten Blick das Bild des klassischen Messies vor uns erstehen lässt.

Ich hatte in der Therapie ein 19-jähriges Mädchen, das nach außen hin zwei scheinbar getrennte Problematiken aufwies. Zum einen kämpfte sie mit erheblichem Übergewicht, zum anderen herrschte in ihrem Jugendzimmer nach ihrer Beschreibung riesige Unordnung. Im Laufe der Therapie war sie in der Lage, die Verbindung zwischen den beiden Phänomen und damit die Lösung ihres Problems herauszuarbeiten.

Vor einigen Jahren war ihr Großvater gestorben, den sie über alles geliebt hatte. Niemand in ihrem Umfeld hatte eine Vorstellung davon, was dieser plötzliche Verlust für ihre Seele bedeutete. Der Großvater hatte einen Kiosk geführt, in dem er auch Süßigkeiten verkaufte, ganz klassisch in diesen

Behältern, aus denen Kinder sich die gewünschten Mengen zusammenstellen können. Hier hatte auch meine Klientin ihrer Erzählung nach immer, wenn sie ihren Großvater in seinem Laden besuchte, eine kleine Tüte mit Leckereien von ihm geschenkt bekommen.

Diese Erinnerung war eine tiefe emotionale Verbundenheit zu ihrem Großvater, über den Konsum sehr vieler Süßigkeiten behielt sie ihn bei sich und musste den Trennungsschmerz nicht verarbeiten. Dazu kam, dass sie die Verpackungen der diversen Süßwaren, die sie, wie sie es selbst nannte, mittlerweile in sich «hineinstopfte», nicht in den Hausmüll warf, sondern bei sich im Zimmer stapelte oder achtlos in die Ecke warf. So kam zu ihrer starken Gewichtszunahme auch noch die Verwahrlosung ihres Zimmers.

In der Therapie erkannte sie, dass ihr Süßigkeitenkonsum eine Kompensation für den Tod ihres Großvaters darstellte und ihr nicht guttat. Mit dieser Erkenntnis sah sie sich in der Lage, eine andere Wahl zu treffen und die für sie so wichtige Erinnerung in anderer Form zu bewahren. Hier bot es sich an, mit dem Mittel des Schatzkästchens zu arbeiten. Dabei stellt der Klient eine kleine Auswahl an Dingen zusammen, die die wichtigsten Erinnerungen repräsentieren. Auch meine Klientin sammelte Dinge für solch eine Schatztruhe, die sie an ihren Großvater erinnerte. Hatte sie vorher das Gefühl gehabt, ihr Leben stocke regelrecht und sei aus dem Fluss geraten, so sah sie sich nun in der Lage, wieder unbeschwert zu leben. Sie konnte Freunde treffen, Hobbys nachgehen und trotzdem dem Großvater einen Platz in ihrem Leben geben. Für einige Zeit hat sie ihm zusätzlich daheim einen kleinen Altar gebaut, auch solche Rituale können bei der Trauerverarbeitung helfen.

DIE SPARTANERIN

Eine Klientin, nennen wir sie Petra, kontaktierte mich mit der klaren Aussage, sie habe ein Messie-Problem und wolle mit mir daran arbeiten. Um zu verstehen, um was es gehe, müsse ich aber in ihre Wohnung kommen. Also verlegten wir das Erstgespräch dorthin.

Ich war gespannt, was mich erwarten würde. Die Wohnung, die ich betrat, war spartanisch eingerichtet und sah kein bisschen chaotisch aus. Da es der ausdrückliche Wunsch der Klientin gewesen war, mir die Wohnung zu zeigen, wartete ich ab, was sich ergeben würde. Ich würde niemals die Menschen dazu drängen, mir nun «endlich» zu zeigen, worum es geht, sondern überlasse diesen Schritt dem Klienten.

Diese Wohnung war sehr sauber, und Sie als Leser wären sicherlich nicht auf die Idee gekommen, hier einen Messie zu vermuten. Genau das war allerdings auch die Absicht meiner Klientin, die mit beiden Beinen im Leben stand, in vielen Bereichen engagiert war und häufig Besuch bekam. Da musste es sauber und aufgeräumt sein.

Ich wartete ab, bis sie schließlich wortlos eine der Türen ihres Wohnzimmerschranks öffnete. Ein Schwall von Dingen ergoss sich in den Raum, darunter viele Zeitschriften. Dann eine andere Tür mit dem gleichen Ergebnis und noch eine weitere.

Im Lauf der Therapie erarbeitete sich Petra die inneren Auslöser ihres Verhaltens. Die Schränke mit all den Sachen repräsentierten ihr Gefühlsleben. Sie versteckte nicht nur die Dinge vor der Außenwelt, sondern auch Gefühle, die mit Erlebnissen in ihrer Kindheit zu tun hatten. In der Hypnose berichtete sie davon, dass ihre Mutter sie sehr jung, mit gerade einmal 16 Jahren, bekommen habe. Da sie noch etwas aus ihrem Leben habe machen wollen, habe die Mutter sich dazu entschlossen, das Kind bei den Großeltern aufwachsen zu lassen, und sei selbst in die Welt hinausgezogen.

Das ist zwar für ein Kind bereits eine emotional schwierige Situation, erwies sich aber nicht als das vorrangige Problem. Die Großeltern waren sehr liebevoll und hatten sich gut um das Kind gekümmert, sodass sie feste liebevolle Bezugspersonen hatte und in dieser Beziehung eine glückliche Kindheit erlebte. Nach einigen Sitzungen kam ans Licht, dass im selben Haushalt noch der unter dem Down-Syndrom leidende jüngste Bruder der Mutter wohnte, ein Onkel von Petra also. Und sie erinnerte sich, dass es immer dann, wenn sie mit dem behinderten und in der Pubertät befindlichen Onkel allein im Haus war, zu sexuellen Übergriffen des jungen Mannes gekommen sei, von denen niemand etwas mitbekommen habe. Sie selbst habe aus Scham nie darüber gesprochen.

Im Erwachsenenalter hatte sie sich dann für behinderte Menschen eingesetzt und war in der Arbeit mit diesen Menschen überaus engagiert. Von den schlimmen Erlebnissen der Kindheit jedoch sollte niemand etwas bemerken, also verbarg sie diese in ihrem Inneren. Analog dazu versteckte sie auch in ihrer Wohnung jegliche Unordnung hinter Schranktüren, sodass alles auf den ersten Blick wohlgeordnet und sauber erscheinen musste. Nach außen sollte alles perfekt aussehen, das Chaos hinter der Fassade ging nur Petra etwas an. Unter den Zeitschriften, die in den Schränken waren, fanden sich auch viele Titel, die sich mit Behinderungen im Allgemeinen und mit dem Down-Syndrom im Speziellen auseinandersetzten.

Es war gut, dass Petra den Mut gefunden hatte, mit Hilfe einer Therapie nach dem Grund für ihr Verhalten zu suchen. Wenn hier nicht rechtzeitig eingegriffen wird, besteht die Gefahr, dass sich das Chaos irgendwann in den spartanischen Raum ausbreitet und die Situation sich immer weiter verschlimmert.

DER SICHERHEITS-MESSIE

Beim Sicherheits-Messie denken viele Menschen zunächst an eine klassische Zwangsstörung. Die Rede ist von Menschen, die zwanghaft alles kontrollieren müssen. Die zu Verabredungen zu spät kommen, weil sie fünfmal zur Wohnung zurückfahren, um zu kontrollieren, ob die Haustür wirklich abgeschlossen ist, ob der Herd wirklich abgestellt und alle Lichter ausgemacht worden sind.

Es kann sich um eine Zwangsstörung handeln, allerdings geht diese nicht selten einher mit einem Messie-Phänomen. Die Trennung von den Gegenständen beim Verlassen des Hauses wird als Verlust eines Teils der eigenen Identität erlebt und ist hochgradig angstbesetzt. Nach und nach nehmen die vielen Zwänge dann immer mehr Zeit in Anspruch, Zeit, die anschließend für alltägliche Erledigungen fehlt. Etwa dafür, die Wohnung in Ordnung zu halten. Obwohl die Zwangsstörung sich ja gerade darauf zu richten scheint, dass alles in Ordnung ist, führt das Verhalten letztlich dazu, dass die Ordnung nicht mehr aufrechterhalten werden kann. Manchmal kommt es zu einer solch starken Überforderung, dass Betroffene sogar ihren Job verlieren, weil ihre Zwänge es ihnen nicht einmal mehr ermöglichen, ihre Arbeit ordnungsgemäß zu erledigen.

ÜBERFORDERUNG IM ALTER

Dies ist eine Form des Messie-Phänomens, dem ich in meiner Zeit als PPM-Kraft häufig begegnet bin. Mit dem Alter kommen nicht selten verschiedene Probleme auf Menschen zu. Dazu gehören starke Einschränkungen in der Bewegungsfreiheit, der Verlust der Sehstärke, Demenz oder auch soziale Isolation. Das führt dazu, dass Dinge im Haushalt nicht mehr so erledigt werden können wie früher.

Mit fällt das Beispiel einer Familie ein, die der alten Mutter eine Spülmaschine geschenkt hatte, um sie vom anstrengenden Spülen mit der Hand zu entlasten. Was jedoch niemand vermutet hatte: Die alte Dame akzeptierte die Spülmaschine nicht, sie war es gewohnt, mit der Hand zu spülen, und konnte das aus ihrer Sicht neumodische technische Ding nicht leiden. Da sie jedoch kaum noch in der Lage war, den

Abwasch zu erledigen, stapelte dieser sich so, dass bald eine große Unordnung in Verbindung mit dem Geruch von Essensresten entstand.

Solche Beispiele gibt es immer wieder. Die alten Menschen werden regelrecht vom Leben überholt. Sie schaffen vieles nicht mehr, mögen das aber niemandem sagen. Da häufen sich dann schnell unerledigte Dinge. Auch wenn beispielsweise noch die Bügelwäsche selbst erledigt werden kann, dauern solche alltäglichen Verrichtungen meist länger als früher, was wiederum dazu führt, dass andere Sachen liegenbleiben.

Bei dementen Menschen zeigt sich das Messie-Syndrom vor allem im Horten von Dingen. Es handelt sich dabei um den Versuch, die Welt zu erhalten, wenn sie vom Kopf nicht mehr richtig erfasst werden kann.

Älteren sozial isolierten Menschen fehlt oft die einstige Erfüllung, die Beruf und Kinder ihnen bieten konnten. Diese Menschen sammeln und horten Objekte, da sie das Einzige sind, was noch Halt gibt.

BIN ICH SCHON EIN MESSIE?

Das ausführliche Beispiel von Yvonne hat einiges von dem gezeigt, was wir verstehen müssen, wenn wir uns mit dem Messie-Phänomen auseinandersetzen. Es gibt Hinweise für Sie als Leser, wie Sie entweder bei sich selbst oder bei Menschen aus Ihrem Umfeld der Frage nachgehen können, ob die Gefahr besteht, einen ähnlichen Weg einzuschlagen wie Yvonne.

Ich habe dieses Beispiel ausgewählt, um zu zeigen, wie schleichend die Verwahrlosung oft vonstattengeht. Dieses Phänomen baut sich häufig über einen langen Zeitraum, manchmal Jahre, hinweg auf und wird nicht gesehen oder ernst genommen – bis es plötzlich fast zu spät ist.

Prüfen Sie sich ruhig einmal selbst: Woher beziehen Sie Zuwendung? Hatten Sie schon mal das Gefühl, sich mit materiellen Objekten auch soziale Nähe zu kaufen? Generell gefragt: Erzeugt «shoppen» bei Ihnen zunächst einmal ein gutes Gefühl?

Um zu verstehen, was geschieht, ist es wichtig, sich mit dem Begriff der Wahl bzw. der Wahlmöglichkeit auseinanderzusetzen. Wie oft hören wir, dass Menschen ihre Handlungen mit dem Satz «Ich hatte ja keine andere Wahl» entschuldigen. Kennen Sie Situationen, in denen Sie das Gefühl haben, nicht mehr zwischen verschiedenen Alternativen entscheiden zu können? Wenn jemand anders uns von der Unabdingbarkeit einer Entscheidung überzeugen möchte, stellt er sie gerne als «alternativlos» dar.

Diese Behauptung ist falsch. Meine Klienten lernen durch die Therapie wieder eine Tatsache kennen, deren wir alle uns gewiss sein sollten: Wir haben immer eine Wahl. Sie mag schwierig sein und sogar ein starkes Verlustgefühl erzeugen, manchmal mögen die Möglichkeiten im ersten Moment nicht sichtbar sein, und doch gilt: Es gibt sie!

Woran können wir erkennen, ob wir selbst oder auch andere Menschen ein ernsthaftes und vielleicht sogar therapiebedürftiges Messie-Problem haben oder nicht?

Wir alle haben immer mal wieder das Gefühl, Aufgaben nicht zu schaffen, zu viel von verschiedenen Sachen anzuhäufen, uns von eigentlich unnötigem Besitz einfach nicht trennen zu können. Jeder kennt das, es ist schlicht normal.

Doch wo ist die Grenze? Wann beginnt das Phänomen, wann ist am Ende Hilfe von außen notwendig, weil der Betroffene allein dem Chaos nicht mehr entkommen kann? Ist überhaupt eine Einsicht vorhanden, das äußere und sichtbare Chaos verändern zu wollen? Ist eine echte Verhaltensänderung gewünscht?

Bevor ich ein einfaches Beispiel bringe, anhand dessen man den möglichen Unterschied zwischen Messie und Nicht-Messie erkennen kann, möchte ich etwas Grundsätzliches vorausschicken. Das Wort Krankheit lässt sich im Zusammenhang mit dem Messie-Phänomen leider nicht vermeiden. Bei Messies ist die Seele krank geworden. Weil sie krank geworden ist, bedarf sie der Heilung mit einem entsprechenden Heilungsprozess. Dieser Heilungsprozess kann von unterschiedlicher Dauer sein. Wichtig zu wissen ist auch, dass ich natürlich ärztliche Diagnosen wie Sucht, Zwang, Depression oder Psychosen beachte. Ich arbeite daher mit den behandelnden Ärzten zusammen. Trotzdem möchte ich zeigen, dass es selbst in extremen Lebenssituationen möglich ist, dem eigenen Leben eine Wende zu geben. Um zu verstehen, wie das geht, müssen Sie vielleicht an der einen oder anderen Stelle von Ihren bisherigen Überzeugungen absehen und sich ein Stück weit auf andere Sichtweisen einlassen. Es lohnt sich!

Es fängt damit an, dass ich Krankheit nicht als Gegenteil von Gesundheit verstehe. Für mich ist das nicht das zusammengehörige Wortpaar. Vielmehr ist Krankheit das Gegenteil von Heilung.

Ich verstehe Krankheit als eine Art Fehlverteilungszustand. Die guten Anlagen sind noch da, sie sind jedoch im Zusammenspiel von Körper, Geist und Seele nicht mehr in Harmonie. Diese fehlende Harmonie empfindet der Mensch als Belastung oder Mangel und insofern als Krankheit. Heilung stellt die Harmonie wieder her und rückt die Dinge ins Gleichgewicht, sie gibt zurück, was fehlt, sie baut neu auf, sodass hinterher alles im Lot ist, was im Krankheitszustand aus dem Lot geraten war.

Gesundheit dagegen ist eine Art Kampfplatz, fast ein Politikum. Nicht umsonst haben wir ein Gesundheitsministerium und kein Heilungsministerium. Unsere Vorstellung von Gesundheit macht krank, weil sie uns ständig unter Stress setzt. Tausend gute Ratschläge, wie wir gesund bleiben oder gar noch gesünder werden und leben können, ereilen uns; viele davon widersprechen sich, und am Ende sind wir nicht gesund, sondern kränker als zuvor.

Heilung dagegen ist etwas, das die Seele ohnehin jeden Tag von innen heraus schafft. Unser System von Körper, Geist und Seele heilt sich immer wieder von alleine auf seine eigene Art und Weise, wenn wir es einfach geschehen lassen. Letztlich ist Krankheit das, wodurch die Seele zu uns spricht, Krankheit ist nur das Symptom der Seelenschäden.

Sie als Leser möchte ich bitten, sich darauf einzulassen und auch ruhig Abschnitte wie diesen mehrfach zu lesen.

JEDER HAT DIE WAHL – ABER MESSIES SPÜREN SIE NICHT MEHR

Es gibt eine einfache Möglichkeit, eine erste Antwort auf die Frage «Bin ich ein Messie oder nicht?», zu finden. Sie geht von der uns innewohnenden Handlungskompetenz aus, von der Fähigkeit, Entscheidungen zu treffen. Ein Beispiel:

Wir haben zwei Menschen, bei denen die Steuererklärung ansteht, einer davon ist vom Phänomen betroffen, der andere nicht. Beide haben sich vorgenommen, sich am Sonntag hinzusetzen, um die ungeliebte Aufgabe zu erledigen. Am Sonntagmorgen wachen beide auf, schauen aus dem Fenster und sehen: Es ist ein wunderschöner Sommertag, die Sonne scheint, kein Wölkchen am Himmel. Bei beiden rückt automatisch ein Impuls in den Vordergrund: Das Wetter ist viel zu schön, um es drinnen am Schreibtisch mit der blöden Steuererklärung zu verpassen, viel besser wäre, diese Aufgabe auf einen anderen Zeitpunkt zu verschieben und heute einfach spontan die Sachen zu packen und ins Grüne zu fahren.

Was machen diese beiden Menschen?

Der nicht Betroffene organisiert um, plant einen neuen Termin für die Steuererklärung, von dem er weiß, dass er ihn erstens einhalten wird und zweitens noch zeitig genug ist, weil in seiner Planung ohnehin Luft war für spontane Umentscheidungen bzw. nicht planbare Erfordernisse.

Der Messie verschiebt die Pflichtaufgabe ebenfalls. Allerdings verschiebt er sie in dem unbewussten inneren Wissen, dass er sie auch morgen oder übermorgen nicht erledigen, ja, dass er wahrscheinlich erst auf die Mahnung durch das Finanzamt reagieren wird. Und selbst dann wird es längere Zeit dauern, bis er überhaupt in der Lage ist, die Erklärung abzugeben.

Der Unterschied liegt hier in der Handlungskompetenz, in der Fähigkeit, eine bewusste Entscheidung zu treffen. Beim Betroffenen liegt die Handlungskompetenz längst außerhalb seiner selbst. Das Aufschieben sogar von sehr wichtigen Aufgaben ist chronisch geworden. Dadurch kommt eine Spirale in Gang, in der sich immer neue Belastungen aufbauen, einhergehend mit dem Wissen, dass man diesem Teufelskreis nur noch schwer entkommen kann. Die Fähigkeit, Wichtiges von Unwichtigem zu unterscheiden, geht verloren. Fragt man diese Menschen, ob sie statt einer To-do-Liste, die die meisten von uns haben dürften, eine Liste mit den Dingen, die sie nicht erledigen müssen oder wollen, schreiben können, werden sie diese Leistung nicht erbringen können. Ein Messie wäre nicht dazu in der Lage, solch eine Liste zu erstellen, weil ihm alles wichtig erscheint und er nicht entscheiden könnte, was weggelassen werden müsste.

Übrigens ist das auch ein guter Selbsttest: Schreiben Sie einfach neben Ihre To-do-Liste eine zweite «Das mache ich nicht mehr»-Liste. Dabei geht es darum, einfach mal Dinge nicht zu erledigen und Entscheidungen nicht zu treffen, sich also nicht in alles hineinziehen zu lassen. Kurz und bündig: Es handelt sich hier um eine «NEIN-Sage-Übung». Man könnte diese Liste etwa als «To-do-NOT»-Liste bezeichnen. Je schwerer Ihnen das fällt, oder wenn Sie das Gefühl haben, das sei vollkommen unmöglich, desto stärker sollten Sie achtgeben, ob Sie nicht bereits mit Kompensationsmechanismen arbeiten, die davon ablenken, dass es gerade daheim immer schwieriger wird, Dinge geregelt zu bekommen.

Was ist mit dem Kompensationsmechanismus gemeint? Ich beobachte diesen Effekt sehr häufig bei meinen Klienten, wenn wir versuchen, einen Termin für die nächste Sitzung zu vereinbaren. Neben den beruflichen Dingen finden sich so gut wie immer diverse ehrenamtliche Engagements, Sportvereinstermine und andere private Angelegenheiten, die offenbar alle gleich wichtig sind und alle zeitnah erledigt werden müssen. Die vollen Terminkalender weisen oftmals darauf hin, dass diese Messies aus der Mittel- und Oberschicht der Gesellschaft kommen.

All die Verpflichtungen, die auf ihre Erledigung warten, lenken von der inneren Leere ab und können dazu führen, dass im häuslichen Bereich anstehende Aufgaben vernachlässigt werden. Hier beginnen die Stapel zu wachsen, und mit den Stapeln wächst auch die Schwierigkeit, die Dinge noch irgendwie sortiert zu bekommen, sodass nach und nach ein heilloses Durcheinander entsteht.

Irgendwann ist dann die kritische Phase erreicht. Beim einen sind es die Einkäufe, die in irgendeine Ecke gestellt werden und dann vergessen werden, was dazu führt, dass dieselben Lebensmittel beim nächsten Einkauf erneut besorgt und wieder ungeordnet weggeräumt werden.

Bei anderen Menschen sind es offizielle Briefe, Rechnungen, die ungeöffnet in Ablagekästen verschwinden, was irgendwann Mahnungen und Forderungen zur Folge hat, die den psychischen Druck wiederum steigern.

Die Lebenstüchtigkeit dieser Menschen und damit auch die Lebensqualität nimmt stetig ab.

Halten wir uns eine einfache Wahl vor Augen, die wir alle oft treffen müssen: Der Schreibtisch im Büro oder auch daheim liegt voll mit Unterlagen, und wir müssen uns entscheiden, was wir zuerst bearbeiten. Der typische vom Phänomen betroffene Mensch sitzt nun vor diesen Stapeln und fühlt sich nicht in der Lage, einen Anfang zu finden. Selbst kleine Stapel auf dem Schreibtisch türmen sich für sein Gefühl zu riesigen Bergen, die auf ihn zu stürzen und ihn zu erdrücken drohen. Er möchte gerne anfangen, etwas schaffen, aber es geht einfach nicht; es ist, als wenn seine Hände gelähmt wären. Diese Blockaden können sich körperlich äußern, etwa durch Schwitzen, Zittern oder das Gefühl, im nächsten

Moment zusammenzubrechen. Es kommt also zu ganz konkreten Angstzuständen.

Diese Zustände ergeben sich beispielsweise, wenn es um das Öffnen von Post geht. Bei Messies stapeln sich häufig offizielle Briefe, Post von Ämtern, erst Rechnungen, dann irgendwann Mahnungen, ohne dass er sich imstande sieht, diese Briefe zu öffnen. Er müsste «nur» den Brieföffner in die Hand nehmen, ihn durch den Brief gleiten lassen, das Schriftstück aus dem Umschlag nehmen und sich mit dem Inhalt auseinandersetzen. Doch er kann nicht.

Der Wille zur Handlung ist bei Messies unbewusst durch innere Widerstände und Blockaden unterbrochen. Eine Art physische wie auch psychische Lähmung hat ihn befallen, die verhindert, dass er Handlungen ausführt. Das gilt eben nicht primär für den Klassiker «Aufräumen», sondern vorher bereits für ganz andere Probleme, die im zweiten oder dritten Schritt zu Symptomen des Messie-Phänomens führen. Das Beispiel von Yvonne hat gezeigt, dass es nicht zwangsläufig von Anfang an ein Problem mit der Ordnung geben muss. Die Verwahrlosung ihrer Person und ihrer Wohnung setzte erst ein, nachdem ihr Leben auf verschiedenen Ebenen aus dem Gleichgewicht geraten war. Das zeigt noch einmal eindrücklich, warum sich das Messie-Phänomen nicht mit einem simplen Aufräumcoaching aus der Welt schaffen lässt.

Das Problem, dass jemand an seinem Schreibtisch sitzt und weder die Post zu öffnen vermag noch einen Einstieg in seine Arbeit findet, ist ebenfalls nicht mit einem Coaching zu beheben. Zwar hätte dieser Mensch grundsätzlich die Wahl, seine Aufgaben zu bearbeiten, doch spürt er die Wahl(möglichkeit) nicht mehr. Das ist der grundlegende Unterschied. Die Wahl ist blockiert, und bevor wieder Entscheidungen getroffen werden können, muss zunächst diese Blockade beseitigt werden.

Für mich handelt es sich um ein bedeutsames Diagnosekriterium, wenn ein Klient neu zu mir in die Praxis kommt: Spürt der Mensch noch, dass er die Wahl hat? Oder ist das Gefühl dafür verlorengegangen? Nachdem Yvonne vor meiner Tür stand, brauchte ich nicht lange, um zu wissen, dass es aus ihrer Perspektive in ganz vielen Situationen keine Wahl gab. Diese Blockade sichtbar zu machen, um sie zu lösen, war einer der entscheidenden Punkte in der Therapie. Eine Wahl hatte sie getroffen: Sie war zu mir gekommen, um sich zu offenbaren. Bei vielen Menschen, die unerkannt mit diesem Phänomen leben, scheint auch für solch einen Schritt keine Wahlmöglichkeit zu bestehen. Wenn sie darüber nachdenken, einen Therapeuten aufzusuchen, gehen ihnen viele Gedanken durch den Kopf: «Was kostet und wer bezahlt das? Was sag ich Freunden, Bekannten, Kollegen, wenn die mitbekommen, dass ich zu einem Therapeuten gehe? Wie finde ich den richtigen Therapeuten?» Das Ergebnis all dieser berechtigten Fragen ist dann häufig, dass eine Therapie aus Sicht der Betroffenen nicht in Frage kommt. Für die Menschen fühlt es sich so an, als wenn sie auch hier nicht die Möglichkeit zur Entscheidung hätten, also keine Wahl treffen könnten.

Die Unfähigkeit, Briefe zu öffnen, kann für mich ein Kriterium sein, wenn ich bei Klienten nachforsche, wie weit fortgeschritten das Phänomen bei ihnen ist. Generell versuche ich herauszufinden, wie viel Alltag noch möglich ist. Gerade zu Beginn eines neuen Jahres gibt es beispielsweise für viele ein großes Problem. Dann liegt irgendwann die Ankündigung im Briefkasten, dass die Heizungsablesung stattfindet und der Ableser an einem bestimmten Tag kommen wird. Gehen wir davon aus, dass der Brief mit der Ankündigung irgendwann geöffnet wurde. Vielleicht nicht an dem Tag, an dem er im Briefkasten lag, aber die Ankündigung ist zumindest angekommen. Einem Messie bereitet das große Sorgen. Eigentlich will er niemanden in die Wohnung lassen, weil sie komplett im Chaos versinkt und er sich dafür schämt. Aber er weiß auch, dass der Heizungsableser kommen muss, weil der Energieversorger den Verbrauch sonst einfach schätzen wird und die Rechnung dann vielleicht höher ausfällt.

Viele Leidtragende entwickeln in einer solchen Situation plötzlich punktuell Kräfte zum Zusammenräumen. Mit dem Mut der Verzweiflung werden die Dinge, die dem Ableser im Weg liegen könnten, weggeräumt. Wegräumen bedeutet allerdings in der Regel nur, dass sie in ein Zimmer geräumt werden, das der Ableser nicht betreten muss. Das sorgt für den kurzen Moment, in dem der Mitarbeiter des Energieversorgers dann seine Arbeit machen kann, zwar für Entlastung, auf der anderen Seite aber auch für Erschöpfung und Stress, weil die ursprüngliche eigene Ordnung des Messies durcheinandergebracht werden musste. Das psychische Gleichgewicht des Messies, das nur durch das ihm Halt gebende Chaos überhaupt noch ansatzweise aufrechterhalten wird, ist ins Wanken geraten und destabilisiert ihn weiter. Daraus folgt ein Zuwachs an Gefühlsarmut, der wiederum nach einem neuen Ausgleich verlangt und durch mehr materielle Objekte hergestellt wird. So dreht sich die Spirale weiter.

MENSCHEN IN BEWEGUNG BRINGEN

Die Gefühlsarmut und die dadurch nicht mehr spürbare Wahlmöglichkeit lösen bei den betroffenen Menschen vor allem eines aus: totale Bewegungslosigkeit. Alles ist geistig, emotional und möglicherweise auch körperlich blockiert. Am Beispiel der ungeöffneten Briefe habe ich bereits von einer «Lähmung» gesprochen, und in der Tat fühlt es sich für den Messie genauso an. Er sitzt vor den Stapeln, die abgearbeitet werden müssten, und kann sich nicht bewegen. Er möchte gerne eine Akte, einen Zettel, einen Stift greifen, anheben, etwas damit tun. Aber tatsächlich sitzt er nur davor und starrt auf die schier unlösbar scheinende Aufgabe. In der Regel beschäftigen sich die Betroffenen dann mit anderen Sachen: Recherchen im Internet, Online-Einkäufe, Computerspiele, Fernsehen und viele andere Dinge, die von den eigentlich anstehenden Aufgaben ablenken.

Mit jedem solchen Moment dreht sich die Spirale weiter. Grund dafür ist unter anderem eine tiefempfundene Scham. Viele meiner Klienten schämen sich zutiefst für ihre Unfähigkeit, sich aus dem Sumpf herauszuziehen, in dem sie stecken. Sie geben sich selbst die Schuld, manche verweisen auch auf andere, um sich selbst ein wenig zu entlasten. Letztlich ist es ein Teufelskreis: Das Chaos wächst, der Messie fühlt sich unfähig, etwas dagegen zu tun, das Chaos wächst weiter, der Messie schämt sich, fühlt sich aber immer weniger in der Lage, etwas zu ändern, das Chaos nimmt endgültig überhand.

Um diese Bewegungslosigkeit aufzulösen, den Klienten wieder zu mobilisieren und an den gesunden Kern seiner Seele heranzukommen, gibt es kein Patentrezept. Ich arbeite mit jedem einzelnen Menschen unterschiedlich, und es ergibt sich im Lauf der Therapie, welche Ansätze geeignet sind.

Die Bewegungslosigkeit ist auch der Grund, warum eine reine Gesprächstherapie in den meisten Fällen keinen Erfolg bringt. Diese ist für sich genommen zu statisch, sie mobilisiert nicht im eigentlichen Sinne. Aus diesem Grund enthält meine Arbeit mit den Klienten möglichst viele Bewegungselemente. Dazu nutze ich beispielsweise Tanzelemente, Yoga oder Walking. Auch gestalttherapeutische Ansätze kommen zum Tragen. Insgesamt versuche ich, innerhalb der Therapie mit vielen kreativen Ansätzen zu arbeiten. Einer davon ist die Arbeit mit dem Sandkasten. Dieser Kasten ist eine alte Schublade, in der sich zunächst nur der Sand befindet. Die Klienten haben dann die Möglichkeit, sich Gegenstände auszusuchen, mit denen sie ihre Situation aufstellen können. Das können verschiedene Steine sein, es gibt auch Menschen, die Playmobil-Figuren nehmen, aber auch ganz andere Gegenstände sind möglich.

Durch die Aufstellung der Gegenstände im Sandkasten ist es möglich, verworrene Situationen zu visualisieren, blockierende Konstellationen auf einfache Weise zu erkennen und dadurch zu Lösungen zu gelangen. Ich habe beispielsweise kleine Plastikfiguren, die der Klient im Sand aufstellen kann. Oft fällt den Menschen diese Art der «Problembeschreibung» leichter als eine reine Verbalisierung. Was mit Worten manchmal nicht gesagt werden kann, gerade wenn es um Beziehungen von Menschen geht, sieht man an der Aufstellung der Figuren im Kasten sehr schnell. Die Konstellation der Figuren wird als symbolische Aussage gedeutet wie die Komposition eines gemalten Bildes.

Der Sandkasten ist zwar ein simples Hilfsinstrument, jedoch eines mit großer Wirkung. Er wird auch außerhalb der Messie-Therapie eingesetzt, etwa wenn Menschen mit unterschiedlichen Konflikten und Blockaden zu kämpfen haben. Es sind Sitzungen bekannt, bei denen monatelang schwelende Konflikte oder der Stillstand in einem beruflichen Projekt innerhalb weniger Minuten gelöst werden konnten.

Mit der Arbeit im Sandkasten ist Bewegung und Mobilisierung auf verschiedenen Ebenen da. Zunächst einmal muss der Klient sich aus dem Stuhl erheben, um sich mit dem Sandkasten zu beschäftigen; er muss die Elemente, die er aufstellt, bewegen, und die Beschäftigung damit erfordert geistige Bewegung. Da mit beiden Händen im Sandkasten gearbeitet wird, hat die Methode einen körperhaften Charakter und wirkt zurück auf körperliche Blockaden.

Bewegung löst Blockaden. Ich mobilisiere den Messie auf der psychischen Ebene, um an die seelischen Blockaden heranzukommen und sie aufzulösen.

Ich arbeite außerdem eng mit Osteopathen zusammen, um den Prozess der Blockadenlösung ganzheitlich anzuregen. In der *Osteopathie** werden die Selbstheilungskräfte des Körpers durch die Wiederherstellung von Bewegung und Rhythmus reaktiviert. Eine osteopathische Behandlung kann bei Schmerzen und Bewegungseinschränkungen im gesamten Körper Hilfe leisten. Auslöser für die Schmerzen sind oft blockierte Gelenke, verklebte Gewebe oder verspannte Muskeln.

Da sich das *Unbewusste** häufig zunächst gegen die Lösung der Blockaden wehrt, kann es während der Therapie zu Stillstand kommen. Einer der Gründe, warum die Arbeit mit Messies fast immer eine Langzeittherapie ist. Irgendwann macht es dann klick, und die positiven Veränderungen kommen mit immer größeren Schritten. Doch bis es so weit ist, muss vorsichtig und ohne großen Druck gearbeitet werden. Das gilt auch für die Hypnosesitzungen. Obwohl die Wunder, die sich manchmal ergeben, mir mitunter das Gefühl eines besonderen Zaubers vermitteln, bin ich keine Zauberin. Allerdings helfe ich dem Klienten, sich von alten Verhaltensweisen zu «de-hypnotisieren» und sein Leben, um ein Bild aus der Alchemie zu nehmen, von Blei in Gold zu verwandeln.

DIE BEZIEHUNG ZU SICH SELBST WIEDER AUFBAUEN

Wir haben bereits gesehen, dass Messies sich häufig an Dinge binden, um innere Leere zu füllen, und dass auf diese Weise die überbordende Unordnung entsteht, die Außenstehende in der Regel mit dem Phänomen verbinden. Bindung meint immer auch Beziehung, und im Hintergrund des Messie-Phänomens besteht fast immer eine Beziehungsproblematik. Das gilt sowohl für Beziehungen zu anderen Menschen als auch für die Beziehung des Menschen zu sich selbst.

Immer dann, wenn menschliche Beziehungen belastet sind oder gar in die Brüche gehen, steigt die Gefahr, dass der Mensch sich Beziehungen in der «Dingwelt» sucht.

Das zu verstehen ist zentral für meine Arbeit mit den Klienten. Die Beziehung zu sich selbst verloren zu haben bedeutet, keine oder nur wenig Selbstachtung und Selbstliebe zu spüren. Bei den meisten Menschen liegt der Grund für die fehlende Selbstachtung in Kindheitserlebnissen, wie sie auch hier im Buch in verschiedenen Beispielen beschrieben sind. Wenn Kinder solche negativen Erlebnisse verarbeiten müssen, ist es oft überlebensnotwendig, für eine Zeit die Selbstliebe wegzusperren. Doch wenn es danach nicht gelingt, wieder in dieses Gefühl der Achtung vor sich selbst hineinzukommen, steigt die Gefahr, Bindung auf die Welt der äußeren Dinge zu projizieren und so zum Messie zu werden. Um in der Therapie wieder Selbstachtung zu lernen und sich damit auch von den Dingen zu entkoppeln, ist es notwendig, ein Gefühl dafür zu bekommen, zu welchem Zeitpunkt in der Kindheit diese Achtung verlorengegangen ist.

Darüber hinaus gilt: Wer sich selbst nicht liebt, wird sich sehr schwer damit tun, andere zu lieben. Um auf andere zuzugehen und sie in ihrer Einzigartigkeit anzunehmen, muss ein Mensch in der Lage sein, seine eigene Person liebend anzunehmen. Ohne Achtung vor sich selbst ist meiner Erfahrung nach kein intensiver Kontakt zu anderen Menschen möglich. Ich setze bei meinen Klienten immer darauf, ihr Bewusstsein für ihre Stärken zu schärfen. Das Schlagwort dazu heißt: «Stärken stärken». Wer sich seiner Stärken bewusst ist, kann seine Schwächen akzeptieren und lässt sein Leben nicht von ihnen bestimmen. Gleichzeitig führt die damit verbundene Gelassenheit auch dazu, dass man andere Menschen so sein lassen kann, wie sie sind. Es gilt also immer: Nehme ich mich selbst so an, wie ich bin, kann ich auch den anderen so annehmen, wie er ist.

Zur «Dingwelt» gehört auch die virtuelle Welt, wie ich am Beispiel von Yvonne gezeigt habe. Hier liegt im Grunde sogar ein doppeltes Problem vor. Zum einen bindet der Cyber-Messie sich an virtuelle Dinge, verliert also sein wahres Ich im Raum der Online-Spiele und sozialen Medien, zum anderen führt dieses Sich-Verlieren dazu, dass die reale Welt vernachlässigt wird und es zu einer Verwahrlosung sowohl der Person als auch der Umgebung kommt. In diesem Fall besteht also keine Kopplung an die Dinge, die in der Wohnung herumliegen, gleichwohl liegen sie dort und verursachen nach und nach ein sichtbares Chaos, das dem inneren Chaos des Messies in nichts nachsteht.

Ziel der Arbeit mit einem Messie muss es also sein, wieder eine Beziehung zu sich selbst im positiven Sinne aufzubauen, damit die Beziehung zu den Dingen langsam entkoppelt werden kann. «Langsam» ist dabei das Zauberwort, um die Würde des Menschen zu wahren, ihn überhaupt erst wieder spüren zu lassen, dass er diese Würde besitzt. Die Zustände, in denen der Messie sich sowohl psychisch als auch in Bezug auf seine Umgebung befindet, sind zutiefst entwürdigend. Der Messie misst sich selbst immer weniger Wert zu, im Extremfall können dann Suizidgedanken aufgrund der eigenen vermuteten Wertlosigkeit entstehen.

Es geht also darum, die Beziehung neu aufzubauen. Der Mensch, der als Klient vor mir sitzt, soll in die Lage versetzt werden, über sein «Inneres Kind» wieder Liebe zu spüren, wieder einen festen Boden zu bekommen, auf dem er sicher stehen kann. Das Kind-Ich muss dabei emotional nachgereift werden.

Die Gründe, warum menschliche Beziehungen keine Zufriedenheit mehr erzeugen, sind vielfältig, was auch bedeutet, dass grundsätzlich jeder von uns gefährdet ist, in eine Messie-Problematik zu rutschen. Das muss natürlich nicht so sein, und den meisten passiert es auch nicht, zumindest nicht auf pathologische Art und Weise. Trotzdem sollten wir auf Menschen, die schwere Rückschläge erlitten haben, achten, ihnen Unterstützung gewähren, um zu signalisieren, dass menschliche Beziehungen noch Gültigkeit und positive Auswirkungen haben.

Solche Rückschläge können Trauerfälle sein, wie ich am Beispiel von Stefan beschrieben habe. Wenn eine andere tiefgehende Kindheitserfahrung hineinspielt, rutscht ein Mensch, der mit beiden Beinen fest im Leben zu stehen scheint, plötzlich komplett ab, weil er den abrupten Abbruch einer Beziehung innerlich nicht verarbeiten kann.

Es kommt zur klassischen Kopplung an die Dinge, die etwas mit der vorherigen menschlichen Beziehung zu tun gehabt haben. Es ist ein völlig normaler Wunsch, dass man sich Erinnerungen an einen geliebten Menschen bewahren möchte und zu diesem Zweck auch Erinnerungsstücke aufbewahrt, selbst wenn sie keinen praktischen Zweck mehr erfüllen. Viele von uns freut es, wenn wir Sachen besitzen, die beispielsweise den Großeltern gehört haben oder sogar noch den Generationen davor. Sie erzählen auf ihre Weise Geschichten aus der Vergangenheit dieser Menschen, die zu uns gehörten. Sie vermitteln ein Gefühl davon, dass der Mensch, der gestorben ist, nicht vergessen wird. Wenn es im Lied von Trude Herr heißt: «Niemals geht man so ganz, irgendwas von mir bleibt hier, es hat seinen Platz immer bei dir ...», dann ist das natürlich zunächst einmal auf die gefühlten Erinnerungen bezogen, doch es gilt genauso für die dinglichen. Mit einem Kleidungsstück, das dem geliebten Menschen gehört hat und das er gerne getragen hat, bleibt der Mensch selbst für uns präsent.

Immer geht es darum, dass Enttäuschungen und Verluste auf der zwischenmenschlichen Ebene hingenommen werden mussten. Der Mensch hat die Beziehungen, die da zerstört wurden, als nicht kontrollierbar erlebt, und er strebt nun danach, das durch kontrollierbare Beziehungen zu kompensieren. Die Kopplung an Dinge ist eine solche kontrollierbare Beziehung. Die Dinge gehen nicht einfach fort, sie «gehorchen» und bleiben dort, wo ich sie platziert habe.

Diese Art der Beziehung ähnelt dem Suchtverhalten. Man erinnere sich an die bekannte Zeile aus Marius Müller-Westernhagens Lied «Johnny Walker»: «Und Johnny, du hast mich auch nie enttäuscht ...» Genau darum geht es: Die Seele des Menschen versucht, neue Enttäuschungen zu vermeiden, und bindet sich darum an etwas, das gar nicht in der Lage ist, zu enttäuschen, weil es den Menschen nicht verlassen kann. «Kein Mensch hört mir so zu wie du [...] und du lachst mich auch nie aus», heißt es in «Johnny Walker» an anderer Stelle. Ein Messie erlebt es ähnlich. Die Dinge, an die er sich bindet, lachen ihn nicht aus, sie stellen ihn nicht in Frage und laufen nicht weg.

DER SEELENVERTRAG

*«Beim Heilen messen wir den Erfolg
an einem gesteigerten Wohlbefinden, einem
neugewonnenen, inneren Frieden
und einem Gefühl der Verbundenheit
mit allem Leben.»
Alberto Villoldo,
Das geheime Wissen der Schamanen*

Eine reine Gesprächstherapie kann schon deshalb nicht zum Erfolg führen, weil ich auf diese Weise die Seele nicht berühren kann. Die Seele des Menschen versucht stets, sich im Gleichgewicht zu halten, auf diese Weise stabilisiert sich der ganze Mensch. Um dieses Gleichgewicht zu erreichen, schließt der Mensch in seinem Unbewussten «Verträge mit seiner Seele»: Das ist der *Seelenvertrag**. In der Therapie machen wir uns auf die Suche, welchen Vertrag die Seele dieses speziellen Menschen geschlossen hat, um zu überleben. Die Kopplung an die Dinge kann aus einem solchen Seelenvertrag entstehen. Er dient zu dem Zeitpunkt, an dem er geschlossen wird, als Schutz und Überlebensstrategie. Später jedoch führt dieser Vertrag zu unkontrollierbaren Problemen. Für mich geht es darum, diesen nicht mehr passenden Seelenvertrag zu erkunden und möglichst aufzulösen, indem er umgeschrieben wird.

Wir alle können im Laufe unseres Lebens viele solcher

Verträge schließen und sind in der Lage, sie zu beenden, wenn sie nicht mehr hilfreich sind. Ein Messie hat diese Wahl nicht mehr. Sein Seelenvertrag lastet schwer auf ihm und schwächt ihn. Er hat diesen Vertrag aus einem für ihn unbewussten Schockerlebnis heraus gemacht. Man kann ihn als eine Art Tauschgeschäft verstehen: Zum Beispiel tauscht ein Mensch einen so wertvollen Besitz wie die Selbstliebe gegen Gefühllosigkeit. Der Grund dafür ist, dass ihm ohne Gefühle nicht mehr weh getan werden kann.

Ich möchte das an einem Beispiel verdeutlichen:

Meine Klientin Erika, 54 Jahre alt, wuchs in einer Familie mit fünf Geschwistern und einem alkoholsüchtigen, aggressiven und gewalttätigen Vater auf. Die Mutter, eine körperlich und seelisch «kleine» Frau, vom Ehemann unterdrückt, war nicht in der Lage, ihre Kinder und damit auch meine Klientin zu schützen. Im Laufe der Therapie begann Erika zu fühlen, dass sie als Kind immer dann den Schlägen und der Willkür ihres Vaters ausgesetzt war, wenn sie sich auffällig verhielt. «Verschwand» sie dagegen einfach, passierte nichts. Also beschloss sie, sich «unsichtbar» zu machen, und ging damit einen typischen Seelenvertrag ein. Sie war in der Lage, diesen Vertrag zu beschreiben: «In meiner Höhle bin ich unsichtbar und geschützt und kann nicht verletzt werden.» Und genau das schaffte sie auch: Sie wurde für den Vater unsichtbar.

In der Schule verhielt sie sich ordentlich und brav, sobald sie daheim war, verschwand sie in ihrem Zimmer. Sie weinte nie, war nicht krank, stritt nicht mit ihren Geschwistern, kaufte für die Familie ein, räumte auf. Sie fiel einfach nicht mehr auf.

Mit 18 entfloh sie durch einen Umzug den heimischen Zuständen und begann eine Ausbildung in einer anderen Stadt. Obwohl die konkrete Gefahr durch den Vater nicht mehr vorhanden war, setzte das Kind den Vertrag fort und erhielt die Höhle weiterhin aufrecht. Erikas eigene Wohnung wurde zur Höhle, indem sie sich eine Burg aus Zeitungen, Bücherregalen und vielen anderen Sachen baute. In der Außenwelt blieb sie unauffällig, indem sie ordentlich und beruflich perfekt agierte, in der Wohnung verbarg sie sich in ihrer Höhle.

Hier sehen wir wieder, warum das Wegwerfen von Dingen in den meisten Fällen erst am Ende einer Therapie stehen kann. Wir müssen die Konzentration auf die Auflösung des inneren Chaos fokussieren, bevor wir die Aufmerksamkeit auf das äußere Chaos lenken. Dazu nutze ich das therapeutische Mittel der Seelenreise, angepasst an den Stand des Therapieverlaufs. Häufig ist es notwendig, eine Reihe von Seelenverträgen auf unterschiedlichste Art und Weise aufzulösen. So können die Gründe für die spezielle Ausprägung des Phänomens bei jedem Menschen erfahren und gefühlt werden. Wir erspüren diese Gründe, weil ich den Klienten anleite, seinem «Inneren Kind» beziehungsweise dem «Kind-Ich» zu begegnen. Dabei kann der Klient lernen, die in der Vergangenheit geschlossenen Verträge auf der Seelenebene zu erkennen, sie anzunehmen und anschließend zu erneuern, um die Wandlung zu vollenden.

DAS INNERE KIND, DAS KIND-ICH
UND DIE SEELENREISE

In den Beispielen, die ich im Buch nenne, kommt es immer wieder zur Sprache, ich möchte hier aber noch einmal konzentriert vorstellen, was im Zentrum meiner Arbeit steht. Dabei mag es zunächst schwierig sein, die Beschreibung mit dem in Verbindung zu bringen, was oberflächlich unter Messietum verstanden wird. Wenn wir jedoch immer den Zusammenhang zwischen innerem und äußerem Chaos bedenken und akzeptieren, dass ein Messie nicht nur jemand ist, der viele Dinge in seiner Wohnung herumliegen hat, sondern auch jemand, bei dem viele Gedanken und Gefühle unsortiert in der Seele abgelagert sind, dann verstehen wir das.

Ich arbeite mit einer Vielfalt therapeutischer Mittel. Zielfördernd sind dabei Vorgehensweisen, die das emotionale Erleben der Klienten anregen. Eine Möglichkeit, die ich in der Phase der Identifikation nutze, die ich Zeit der Erkenntnis nenne, ist die Analyse unter Hypnose. Sie gibt Hinweise auf die entscheidenden emotionalen Erlebnisse in der Vergangenheit. Mit dieser Methode unterstütze ich also den Menschen dabei, Zugang zu den verschütteten Ressourcen seiner Seele zu finden.

Es kann durchaus sein, dass es in den ersten Sitzungen noch gar nicht möglich ist, mit der Hypnoanalyse zu beginnen, weil der Klient dafür noch nicht stabil genug ist. Die Entscheidung, wie stark ich mich auf einen bestimmten methodischen Weg konzentriere, fälle ich grundsätzlich klientenzentriert nach der therapeutischen Ausgangs- und Veränderungslage. Der Klient muss imstande sein, seine subjektiv gefühlten Eindrücke und Empfindungen frei äußern zu können.

Welche Vorgehensweise in der jeweiligen Sitzung sinnvoll ist, erspüre ich im Kontakt mit dem Menschen. Daher gibt es bei mir keinen Ablaufplan und kein bestimmtes Konzept, das ich bei jedem Klienten durchgehe und abhake. Ich merke intuitiv, was als Nächstes ansteht und welchen Weg wir an diesem Tag gehen werden. Jeder Klient ist einzigartig, und genauso einzigartig ist auch meine therapeutische Arbeit mit ihm.

Ich möchte an dieser Stelle anmerken, dass ich mit dem Begriff der Seele weitgehend so arbeite, dass man ihn, wenn es dem besseren Verständnis dient, auch durch den Begriff der Psyche ersetzen kann. Ich verwende beide Begriffe im Großen und Ganzen synonym.

Eine Krankheit wie eine Erkältung können wir beim Menschen immer auf der Oberfläche sehen. Eine Schnittwunde, ein gebrochenes Bein, blaue Flecken, Schwellungen. Diese und viele andere äußere Kennzeichen zeigen uns, dass dieser Körper im Moment nicht heil ist, sondern in zerrüttetem Zustand. Er ist nicht im Gleichgewicht und kann nicht so funktionieren, wie es für den Menschen ideal wäre. Ich gehe so weit, dass ich behaupte, dass auch äußere sichtbare Verletzungen oder Krankheiten zeigen können, dass die Seele im Ungleichgewicht ist. In dieser Interpretation kann sogar ein vermeintlicher Unfall, bei dem sich jemand in den Finger schneidet, ein Zeichen der Seele sein. Anders ausgedrückt: Hinter dem Schnitt im Finger, der beispielsweise aus stressbedingter Unachtsamkeit geschehen ist, steckt ein Ungleichgewicht in der Seele. Auch mit anderen sichtbaren Erkrankungen wie beispielsweise Asthma, Darmstörungen, Rheuma, Neurodermitis oder Schilddrüsenüberfunktion kann die Seele ausdrücken, dass jemand aktuell nicht in der Lage ist, seine Konflikte psychisch zu verarbeiten. Die Seele versucht zu zeigen, dass etwas mit ihr nicht in Ordnung ist. Sie bittet den Menschen beispielsweise auch mit einer Erkältung oder Kraftlosigkeit, eine Atempause einzulegen und sich seiner Seele mit Ruhe und Entspannung zuzuwenden. Das körperliche Symptom ist dann ein Symbol, eine Folge von inneren Konflikten, die sich in körperlichen Reaktionsmustern zeigen.

Ich komme noch einmal auf den Seelenvertrag zurück, denn dieser dient dazu, dass die verletzte Seele den Menschen nicht in den Abgrund stürzen lässt. Der Seelenvertrag ist ein Tauschgeschäft, um mit dem erlittenen Schmerz umzugehen. In dem Moment, in dem dieser Tausch stattfindet, sichert er das Überleben des Menschen und ist somit sinnvoll. Für den weiteren Verlauf des Lebens ist dieses Tauschgeschäft jedoch ein dramatischer Einschnitt, denn getauscht wird letztlich vor allem Lebensenergie und damit auch Lebensfreude gegen freudlose Sicherheit bzw. reine Überlebensfähigkeit. Die folgende Tabelle zeigt an einigen Beispielen, wie ein fataler Seelenvertrag verlaufen kann:

Seelennot	Vertrag	Beispielhafte Folgen
Ich bin nichts wert, wenn ich kein Wissen habe.	Ich muss viel lesen und darf mir keine Freizeit nehmen.	Ich sammle viele Bücher und Zeitschriften, denn so kann ich immer auf Wissen zurückgreifen.
Ich darf nicht auffallen.	Ich bleibe in meiner Höhle, in meinem Zimmer.	Ich baue mir eine Höhle aus Zeitungen und Kartons, und dann kann ich mich verstecken.
Ich bin eine Enttäuschung.	Ich lebe meine Träume nicht.	Ich sammle Dinge, in denen ich meine Träume finde.
Wenn ich selbstlos handle, bekomme ich Anerkennung und Liebe.	Ich kümmere mich um andere, aber nicht um mich selbst.	Im Außen bin ich für andere da, zu Hause bricht das Chaos aus, weil keine Zeit mehr da ist, um für mich selbst zu sorgen und meine Sachen zu sortieren.
Menschen sind gefährlich, sie verlassen mich, tun mir weh	Ich lasse keine Menschen in meinem Leben mehr zu, ich distanziere mich von Menschen und Bindungen.	Tiere zum Beispiel lieben mich, wie ich bin, und deshalb habe ich viele Haustiere – oder sammle Puppen oder Stofftiere; die sind immer da und sind zum Knuddeln.
Wer hoch fliegen will, der fällt tief.	Ich ziehe mich zurück, darf keinen Erfolg haben.	Ich sammle kleine Erfolge im Stillen, z. B. Bierdeckel oder auch Bücher, um durch Wissen ein Erfolgsgefühl zu spüren; ich lebe das aber nicht im Außen. Ich besuche ein Seminar nach dem anderen, ohne aber in dem betreffenden Beruf zu arbeiten.
Je mehr Opfer ich bringe, desto besser kann ich mich vor Schicksal schützen.	Ich passe mich an, ordne mich unter, lebe Bedürfnisse nicht.	Ich gehe in den Ein-Euro-Laden, kaufe unnötige kleine Dinge.

Ich möchte das an einem Beispiel verdeutlichen, das mich dann auch direkt zu den Begriffen des «Inneren Kindes» und des «Kind-Ichs» führt.

Kleine Kinder sind darauf angewiesen, Liebe und Zuwendung zu bekommen. Sie fordern sie von den Eltern, vor allem von der Mutter, immer wieder ein. So ist es nur natürlich, dass ein kleines Mädchen zwischendurch zur Mutter kommt und gestreichelt oder auf den Arm genommen werden möchte. Kleinkinder nehmen Energie und Liebe der Eltern zu einem großen Teil auch durch direkten Hautkontakt auf.

Stellen wir uns jetzt also diese Situation vor, dass das kleine Mädchen auf seine Mutter zugeht und sie umarmen will, vielleicht auch selbst gestreichelt werden möchte. Die Mutter jedoch weist das Kind zurück, weil sie die Liebe und damit auch die Liebebedürftigkeit dieses Kindes nicht wahrnehmen kann. Sie sieht in diesem Moment lediglich die Belastung, die das in ihren Augen fordernde Kind darstellt. Vielleicht liest sie gerade Zeitung, schaut etwas auf ihrem Smartphone an oder hat sich gerade einen Kaffee gemacht, den sie trinken möchte. All diese Dinge wären leicht für einen Moment zu unterbrechen, um auf die Liebebedürftigkeit des kleinen Kindes einzugehen.

Diese Mutter lehnt die Zuwendung des Kindes nicht aus verstandesmäßigen Gründen ab, weil sie vorhat, dem Kind weh zu tun. Es ist ihre Seele, ihr Seelenvertrag, der sie so handeln lässt. Sie selbst hat als Kind Zurückweisung erlebt, ist nicht so geliebt worden, wie es für ihre Seele wichtig und richtig gewesen wäre. Und zwar immer wieder. Es geht nicht um einzelne Situationen, in denen Eltern unbewusste Fehler machen. Sondern es geht um eine fortwährende Botschaft, die ein Kind vermittelt bekommt. Sie lautet, nicht liebenswert zu sein. In unserem Beispiel gibt die Mutter die Botschaft gerade an ihre Tochter weiter. Sie kann aber in diesem Moment gar nicht anders handeln, weil sie sich unbewusst gegen die Liebe ihres Kindes schützt, so unglaublich diese Formulierung im ersten Moment auch klingen mag.

Warum ist die Seele der Mutter nun darauf ausgerichtet, sich gegen die Liebesbekundungen des eigenen Kindes zu schützen? Hier kommen das «Innere Kind» und das «Kind-Ich» ins Spiel.

Das «Innere Kind» kennt das Wechselspiel zwischen Liebessuche und Zurückweisung. Es hat dieses Wechselspiel selbst erlebt, das heißt, diese Mutter hat in ihrer Kindheit selbst immer wieder spüren müssen, dass «Liebe geben» sehr oft nicht «Liebe bekommen» bedeutet.

Hier erfährt die seelische Entwicklung des Kindes eine Störung. Aus diesem Grund können wir die Probleme, die die meisten meiner Messie-Klienten haben, als Entwicklungsstörungen begreifen. Solche Entwicklungsstörungen lassen sich nicht medikamentös beheben. Wenn also Menschen, die aufgrund ihrer Lebenssituation eine Depression entwickelt haben, Medikamente bekommen, mag das im ersten Moment helfen, ganz konkret über die nächsten Tage und Wochen zu kommen, ohne völlig unterzugehen. Manchmal ist eine solche Medikamentengabe unterstützend durchaus sinnvoll und im Extremfall der Depression auch notwendig. In manchen Fällen können die Medikamente auch helfen, damit Klienten überhaupt die Energie aufbringen, in der Therapie an der Auflösung des Seelenvertrages zu arbeiten. Für mich steht dann die Stabilisierung des Menschen an erster Stelle, bevor wir in die Tiefe gehen können. Dazu gehört auch, dass ich mit dem behandelnden Arzt bespreche, wie die Medikamentengabe vielleicht verringert werden kann, damit der Mensch bei mir noch mehr in die Tiefe gehen kann. Bisweilen führen Medikamente eben auch dazu, die freie Sicht auf die wirklichen Emotionen zu vernebeln und damit den Weg zu den Auflösungen zu verstellen. Medikamente behandeln in der Hauptsache Symptome, selten die Ursachen. Für eine tatsächliche Heilung sollten wir stets an die Ursachen gehen, wobei zu beachten ist, dass es nicht notwendig sein muss, die Wunden zu öffnen.

Konkret handelt es sich beim Messie-Phänomen also weitgehend um eine Störung der emotionalen und sozialen Entwicklung im Kindes- bzw. Jugendalter, die beim erwachsenen Menschen dazu führt, dass sich verschiedene psychische Belastungen nicht verarbeiten lassen. Ich sehe in meiner Therapie Menschen, die in der Entwicklung ihrer emotionalen und sozialen Psyche auf dem Status eines (Klein-) Kindes sind. Diese emotionalen Kinder haben jedoch bereits selbst Kinder bekommen, sodass es kein Wunder ist, wenn sich bestimmte Symptomatiken über Generationen durch die ganze Familie ziehen. Das «Kind-Ich» hat in diesen Fällen keine *symbiotische Verschmelzung** mit den Bezugspersonen erfahren können und keine Sicherheiten bekommen, die es dringend benötigt hätte. Es entstehen hier ungestillte Sehnsüchte und Bedürfnisse des Kindes. Im Beispiel von Manuela, ihrer Mutter, ihrer Großmutter und auch ihrer eigenen Kinder lässt sich das gut beobachten.

Kommen wir zurück zu unserer Mutter und ihrer Tochter, die die Liebe, die sie einfordert, nicht bekommen kann, weil die Verletzungen des «Inneren Kindes» der Mutter dem entgegenstehen. Die Mutter hat in ihrer eigenen Kindheit «gelernt»: Ich habe versucht zu vertrauen und bin fast immer enttäuscht worden. Ich musste lernen, mich abzuschotten, um diese Enttäuschung nicht wieder und wieder zu erleben. Dieses Erlebnis hat sehr weh getan, es hat mich tief verletzt, und es hat dazu geführt, dass ich innerlich nicht mehr an die Kraft der Liebe glaube. Für mich persönlich komme ich viel besser zurecht, wenn ich möglichst häufig misstrauisch bin und in jeder Handlung anderer Menschen, meine eigene Tochter eingeschlossen, erst einmal etwas Negatives sehe, eine Forderung an mich, der ich nicht nachkommen möchte.

Wenn Sie einmal selbst überlegen, kennen Sie diese Situationen vielleicht, denn die grundsätzliche Problematik betrifft sehr viele von uns. Fast jeder von uns kennt beispielsweise einige Grundhaltungen, mit denen er sich in schwierigen Phasen bisweilen unbewusst abzukapseln versucht. Solche Grundhaltungen können beispielsweise sein:

– Ich mache alles falsch.

– An mir ist nichts richtig.

– Ich bin böse.

– Ich bin schuldig.

– Mich liebt sowieso nie jemand.

– Wenn ich mich freue, bin ich ein Egoist.

Wenn wir in einer solchen Haltung uns selbst gegenüber sind, können wir Liebesbekundungen von anderen nicht annehmen. Wenn Ihnen jemand sagt, wie toll und wie schön er sie findet, fangen Sie so lange an, nach äußeren Gründen zu suchen, warum er das wohl gesagt haben könnte (vielleicht sitzt die Frisur besonders gut oder Sie haben etwas Schönes an), bis Sie sicher sind, dass es nichts mit Ihnen als Person zu tun haben kann.

Bezogen auf das Beispiel mit dem Kleinkind, reagieren Mütter, die sich innerlich abgeschottet haben, dann auf das Kind mit einer Abwehrhaltung. Sie wissen zwar verstandesmäßig, wie kostbar das Kind ist, können das jedoch nicht sehen und ihre Liebe nicht zeigen. Diese Mütter sagen dann Dinge wie:

- Lass mich, bleib von mir weg.
- Du machst mir meine Hose dreckig.
- Hast du eigentlich schon Hausaufgaben gemacht?
- Ich hab jetzt keine Zeit, du siehst doch, dass ich was anderes mache.

Dieses Kind lernt recht schnell: Immer wenn ich Liebe ausdrücken will, kommt von der Mama das Signal, dass das falsch ist. Ich sende Liebe, sie sendet:

- Du bist böse.
- Du bist schlecht.
- Du bist eine Belastung.

Für das Kind ist diese Situation furchtbar, und es strebt danach, sie zu ändern. Es reagiert unbewusst auf die Ablehnung, indem es sie annimmt und sich selbst als fehlerhaft oder sogar böse und schlecht empfindet. Die einzige Möglichkeit, die das Kind sieht, der Mutter näher zu sein, ist die Akzeptanz der Tatsache, dass es ein böses Kind ist. Dieses böse Kind zeigt sich im «Inneren Kind» des späteren Erwachsenen. In Krisensituationen hindert dieses «Innere Kind» dann den Erwachsenen daran, auch tatsächlich erwachsen zu reagieren. Denn in diesem «Kind-Ich» sind unsere früheren Erfahrungen als Kind ebenso bewahrt wie unsere kindlichen Bedürfnisse und die ungestillten Sehnsüchte.

Beim Messie-Phänomen erwacht dieses «Kind-Ich» immer wieder und meldet seine Wünsche und Bedürfnisse aus der Kindheit an. Der Erwachsene agiert wie ein Kind, sein «Kind-Ich» erhofft beispielsweise durch Sammeln und Horten das zu finden, was es als Kind vermisst hat.

Wie das «Innere Kind» das Erwachsenenleben beeinflussen kann, zeigte mir die Geschichte, die mir eine Klientin erzählte. Diese war selbst bereits im reiferen Alter, ihre Mutter aber lebte noch. Diese Mutter war häufig depressiv und traurig, sodass die Tochter oft versuchte, sie ein wenig aufzuheitern. Doch meistens endeten diese Versuche damit, dass die alte Frau ihre Tochter anschrie, sie solle sie in Ruhe lassen und endlich aufhören, sie zu umsorgen. Für meine Klientin war diese barsche Zurückweisung trotz bester Absichten immer wieder eine unglaubliche Erfahrung. Die seelische Wunde der alten Mutter, die diese in ihrer eigenen Kindheit erfahren hatte, war nie geschlossen worden und verhinderte immer noch, dass sie Liebe wirklich annehmen konnte.

Meine Klientin hat die Zurückweisung durch ihre Mutter verarbeitet, indem sie sich viele Tiere zulegte. Diese konnten die Liebe, die sie zu geben hatte, annehmen. Damit begann sie, die Liebe gegenüber Menschen in sich zu verschließen. Vier Hunde, drei Katzen, mehrere Vögel, mehrere Meerschweinchen lebten bei ihr, und sie war noch dabei, mehr Tiere anzuschaffen, als sie zu mir kam. Sie spürte, dass die Tiere für sie eine Ersatzfunktion einnahmen, und sie befürchtete, mit immer neuen Tieren ein Problem zu entwickeln. Dieses Phänomen ist unter dem Begriff «Tier-Hording-Messie» bekannt.

Wenn Kinder auf die beschriebene Weise immer wieder Zurückweisung und Liebesentzug zu spüren bekommen, verursacht dieses Verhalten eine Wunde. Es geht nicht darum, dass jeder von uns mal einen schlechten Moment hat und unfreundlich zu seinen Kindern ist. Wichtig ist in solchen Momenten aber, dem Kind zeitnah zu signalisieren, dass es nichts falsch gemacht hat und immer noch geliebt wird. Dann entsteht eine solche Wunde nicht.

Im anderen Fall jedoch sitzt die Verletzung bald tief. Denn es handelt sich ja auch nicht um einzelne Momente, in denen diese Zurückweisungen geschehen, sondern um ein beständiges Handlungsmuster der Mutter. Es läuft immer gleich: Das Kind versucht, Liebe zu geben, und bekommt Abwehr. Es «versteht»: Wenn du Liebe gibst, ist das falsch, dann bist du böse. Irgendwann kommt dann der Punkt, an dem das kleine Mädchen oder der kleine Junge die in der eigenen Seele vorhandene Liebe wegschließt. Wir können uns das vorstellen, als wenn es da eine kleine Kammer oder einen Keller gäbe, in dem die Liebe eingeschlossen wird, damit sie nicht mehr unkontrolliert nach draußen kann.

Diese Kammer, diesen Keller versuche ich zusammen mit meinen Klienten zu öffnen und den eingeschlossenen Anteil wieder zu befreien. Dazu gehe ich mit ihnen auf ihre Seelenreise.

MANCHMAL GEHT ES SCHNELL – HERMANN

Nachdem ich mit Yvonne ein sehr intensives Langzeittherapie-
Beispiel geschildert habe, möchte ich hier zeigen, dass nicht alle
Klienten über Jahre hinweg zu mir kommen, sondern manchmal
auch vorsichtige kleine, aber effektive Hinweise alles wieder in
die richtigen Bahnen lenken können. Wie bei Hermann.

Hermann kam im Alter von 82 Jahren zu mir und hatte eine
ganz bestimmte Vorstellung davon, wie ich ihm helfen sollte.
Als er sein Anliegen schilderte, dachte ich sofort, dass wir tiefer
gehen mussten, um an den Kern der Sache heranzukommen.

Hermann stand kurz davor, sein Haus aufzugeben und in eine
Seniorenwohnung einzuziehen. Seine Frau war vier Jahre zuvor
verstorben, und das große Haus verlangte ihm zu viel Arbeit ab.
Allerdings hatte er von der Verwaltung der Seniorenresidenz
eine Vorgabe bekommen, nachdem sich jemand bei ihm zu
Hause umgesehen hatte. Er könne längst nicht alles mitnehmen
und müsse sich entscheiden, welche Sachen ihm am wichtigsten seien, um sie in die Zweizimmerwohnung mitzunehmen. Ich
merkte, wie unangenehm Hermann das Thema war, er erzählte
etwas genervt und kam dann auf den Punkt: Ich sollte ihm beim
Wegwerfen helfen. Anders gesagt, Hermann suchte einen Aufräumcoach.

Da mir bereits klar war, dass es so einfach nicht funktionieren
würde, bat ich ihn, mir zu zeigen, worum es ging. Als wir sein

Haus betraten, sah ich als Erstes Unmengen von Zeitschriften zu den Themen Angeln, Gesundheit und Fußball. Die seien ein Punkt, erklärte mir Hermann, ich solle ihm helfen, herauszufinden, welche Zeitschriften er wegschmeißen könne. Als ich vorsichtig nachbohrte und ihn fragte, warum er beispielsweise bündelweise alte Gesundheitszeitschriften herumliegen habe, fiel ihm kein Grund ein. Schließlich gestand er, er wisse nicht, warum er die gesammelt habe.

Ich fragte weiter, versuchte, herauszufinden, ob es in seiner Vergangenheit bestimmende Krankheitserlebnisse gegeben hätte, doch ich merkte schnell, dass Hermann sich sperrte. Er beharrte darauf, lediglich ein Aufräumcoaching zu bekommen, und fragte mich wiederholt, was er denn nun wegwerfen solle. Ich hielt mich zurück, um seine Würde zu wahren, und signalisierte erst einmal nur, dass ich ihm gerne helfen wolle. Gleichzeitig spürte ich, dass ich bereits etwas in ihm angestoßen hatte. In solchen Fällen lenke ich den Klienten ganz sanft, ohne mich aufzudrängen. Ziel ist es, ihm die Würde der eigenen Entscheidung nicht zu nehmen. Die Erkenntnis, dass es sinnvoll ist, das Problem tiefgreifender anzugehen, sollte vom Klienten ausgehen. Nur dann kann es gelingen, die scheinbare Stabilität der Seele wieder in eine echte zu überführen.

Schon beim zweiten Besuch fühlte ich die Veränderung. Hermann hatte registriert, dass ich nicht mit dem Container angerückt war, und sich entschlossen, etwas von sich preiszugeben. Er erzählte mir von seiner Kindheit, in der er sehr häufig krank war. Ein vermeintlich schwaches Kind also, womit beide Elternteile nicht gut umgehen konnten. Sie betrieben einen Gärtnereibetrieb und Blumenhandel, der so viel Zeit in Anspruch nahm, dass es sofort ein Problem war, wenn das Kind nicht «funktionierte». Der Vater, so erzählte Hermann, habe ihn während der Krankheitsphasen grundsätzlich mit Missachtung gestraft, als sei er gar nicht vorhanden. Der Spruch «Ein Indianer kennt keinen Schmerz» hatte sich ihm tief eingebrannt. Die im Betrieb mitarbeitende Mutter, alleine mit dem kranken Kind an ihrer eigenen Belastbarkeitsgrenze, schob es dann meistens direkt zur Großmutter ab, um sich ebenfalls nicht mit seinen gesundheitlichen Problemen auseinandersetzen zu müssen. Diese Großmutter war leider keine der liebevollen Omas, die die mangelnde Liebe im Elternhaus zumindest ein wenig hätte auffangen können. Hermann erzählte plötzlich sehr emotional, dass die Oma sehr streng war und sich, wie es damals häufig noch üblich war, von ihrem Enkel mit «Sie» ansprechen ließ. Er fühlte sich dort nie gut aufgehoben und verspürte jedes Mal einen großen inneren Widerwillen, wenn es wieder einmal hieß, er müsse zur Großmutter.

Ich merkte, wie sehr ihn das selbst in seinem hohen Alter beschäftigte, und fragte vorsichtig weiter. Zutage trat eine lebenslange Beschäftigung mit allen möglichen Gesundheitsthemen. Ich bemerkte, dass Hermann sich als Kind sehr in Frage gestellt gefühlt hatte. Die Eltern akzeptierten immer nur den gesunden Sohn, der kranke wurde aufs Abstellgleis geschoben.

Als erwachsener Mann hatte er dann früh begonnen, Gesundheitszeitschriften zu lesen, um sich eine eigene Meinung zu allen nur denkbaren Krankheiten zu bilden. All diese Zeitschriften und Ausschnitte aus allgemeinen Zeitungen und Zeitschriften waren fein säuberlich nach Themen sortiert. Zusätzlich gab es bergeweise Videokassetten mit Mitschnitten von TV-Sendungen zu Gesundheitsthemen, auch diese thematisch geordnet.

Ärzten dagegen misstraute er zeit seines Lebens. Auch das erklärte sich aus seiner Kindheitsgeschichte. Der Arzt war für Hermann genau wie seine Eltern ein Außenstehender, der darüber entschied, was mit ihm zu passieren hatte, wenn er krank war. Es drohte jedes Mal wieder Abschiebung. Ins Krankenhaus. Nach Hause mit Medikamenten. Auch der Arzt kümmerte sich also in seinem Weltbild nicht um ihn, sondern wollte nur das kranke Kind loswerden. Im Grunde, so fühlte es Hermann, war der Arzt nur dazu da, ihn für die Eltern funktionstüchtig und nützlich zu machen, damit er ihnen auf den Blumenfeldern und in der Gärtnerei helfen konnte.

Neben den Unmengen an Zeitschriften fiel im Haus vor allem eins sofort auf: An den Wänden hingen kindliche Poster; beispielsweise waren Wum und Wendelin, Pippi Langstrumpf und Donald Duck dort zu sehen sowie andere Figuren, die aus Kindersendungen der sechziger und siebziger Jahre stammten. Aus einer Zeit also, zu der er selbst gar kein Kind mehr war. Hermann versuchte, eine glückliche Kindheit, die er nicht hatte, zu ersetzen, indem er sich mit diesen Dingen umgab. Die Bestätigung für diese Vermutung erfuhr ich, als ich in einen Raum kam, der völlig angefüllt war mit Spielzeugautos und Stofftieren. Insgesamt wirkte das ganze Haus wie ein einziges großes Kinderspielzimmer.

Hermann hatte sich an diese Dinge gebunden, eine Beziehung zu ihnen aufgebaut, damit sie ihn beschützten. Seine Seele spiegelte ihm, dass er für immer Kind sein darf, weil es ihm in der Kindheit so oft verwehrt wurde. Damals musste er, kaum dass er laufen gelernt hatte, beim Unkrautjäten oder Beeteum-graben helfen. Allmählich spürte er durch mein vorsichtiges Nachfragen und meine Anmerkungen, welche Bedeutung diese Dinge für ihn hatten und welchen Schutz ihm seine Sammlungen boten. Er wusste nun, dass er nicht alles mitnehmen konnte, und was noch viel wichtiger war: Er erkannte, dass diese Dinge ihm seine nicht gelebte Kindheit ersetzten. Sie waren einst sinn-voll gewesen, um den Schmerz über die verlorene Kindheit zu ertragen. Sie störten auch nicht in dem langen, erfüllten Leben mit seiner Frau, da diese sich nie darüber beschwerte, sondern im Gegenteil selbst intensiv Puppen sammelte. Beide waren ein eingespieltes Team mit ähnlichen Interessen gewesen, sodass es wegen Sammelleidenschaften zwischen ihnen nie zu Kon-flikten gekommen war.

Nachdem ihm das klargeworden war, reagierte Hermann zunächst resigniert: «Dann schmeißen wir das wohl am bes-ten einfach alles weg, oder?!» Ich sah den Schmerz in seinem Gesicht und beeilte mich, ihn zu beruhigen. Alles unbesehen in den Container zu schmeißen, so erklärte ich ihm, wäre, als wenn er sein ganzes Leben entsorgen würde. Das konnte nicht das Ziel sein. Ich schlug vor, die Sachen einzeln anzuschauen und genau zu überlegen, wovon er sich gar nicht trennen mochte, weil beispielsweise konkrete Erinnerungen damit verbunden waren.

In der konkreten therapeutischen Arbeit wählte ich bei Hermann Methoden aus dem kreativen Bereich. Kinder sind gerne krea-tiv, und über den Weg der Bewusstmachung unterschiedlicher Perspektiven konnte ich Hermann über den kindlichen Aspekt unterstützen, ein neues Selbstbild und eine neue Identität zu finden. Kunst und Musik stimulieren emotionales Erleben. Daher setze ich sie gerne in der Arbeit mit den vom Messie-Phänomen betroffenen Menschen ein. Wichtig ist die Motivation des Klienten. Ich habe die Erfahrung gemacht, dass gerade über den Weg von Kunst und Musik der Zugang zur Motivation leichter ist.

Zwar wunderte sich Hermann zunächst, als ich mit einem DIN-A2-Zeichenblock und vielen Wachsmalstiften in sein Haus kam, doch er vertraute mir und ließ sich auf diese Therapieform ein. Ich bat ihn, einen Baum aus unterschiedlichen Perspektiven zu zeichnen: aus der Perspektive einer Schlange, einer Ameise, einer Giraffe, eines Jaguars und schließlich aus der Perspektive eines Adlers. Ich gab ihm dabei Hilfestellung und Unterstützung zur Ausgestaltung und bat ihn, mir zu erzählen, warum er welche Farben benutzte, was er dabei empfand und welche Gedanken ihm dabei in den Kopf kamen.

In der nächsten Sitzung arbeitete ich mit ihm in einem entspannten Trancezustand. Die Sitzung diente dazu, die Baumzeichnung zu vertiefen. Es ging nun in einer weiteren Baumübung darum, zu lernen, sich um sich selbst zu kümmern und das neue Selbstbild und die neue Identität zu integrieren.

Durch die Arbeit in der Therapie war es Hermann möglich, diesen Weg zu gehen. Er war mittlerweile in der Lage, «erwachsen» zu sagen, von welchen Dingen er sich trennen konnte und welche unbedingt bleiben mussten. Plötzlich hatte sich ein Gespür für den Prozess der inneren Sortierung entwickelt. Er hatte eine neue Sicht auf die Dinge bekommen und wandte die Übungen immer wieder an, indem er sich die gesammelten Stücke aus verschiedenen Perspektiven anschaute und dann entschied, was damit geschah. Ich unterstützte ihn dabei und erinnerte ihn zwischendurch mit einem Augenzwinkern an den Perspektivenwechsel. Manchmal lachte er dann sogar und sagte: «Jetzt bin ich gerade der Adler!» Ich half ihm, Kisten zu kaufen, in die wir die unterschiedlichen Dinge packten, und fuhr auch mit ihm zum Seniorenheim, um die für ihn wichtigen Dinge dort zu verstauen. Für die Stofftiere und Puppen, die nicht mit ins Heim sollten, aber zu gut zum Wegwerfen waren, suchten wir nach Möglichkeiten, sie weiterzugeben. Einiges kam als Geschenk in Kindertagesstätten, für andere Sachen legte sich Hermann in seinem hohen Alter eigens einen eBay-Account zu und verdiente sogar noch ein wenig Geld mit den wertvollen alten Autos, Puppen, Disney-Wandhängern und Marken-Teddybären.

Viele Bücher gab er an Sozialstationen und in einen Tausch-Container. Von den Zeitschriften konnte er sich komplett trennen, manches erreichte niemals vermutete Beträge in den Internet-Auktionen. Eine besonders wertvolle Puppe brachte einen so hohen Erlös, dass er davon ein besonders schönes Grablicht für seine Frau kaufen konnte. Einen Teil der insgesamt eingenommenen Summe investierte er in den Kauf der Grabstätte und stellte damit sicher, dass auch er irgendwann dort beerdigt und somit wieder mit seiner Frau vereinigt sein wird. Das gab ihm zusätzlichen Halt, und sein letzter Wille war damit sehr gut ausgedrückt. Ein weiterer Teil seiner Ersparnisse floss in seinen großen Traum: Er ging auf eine lange Kreuzfahrt.

Dieses Beispiel zeigt, wie manchmal auch in relativ kurzer Zeit die Dinge auf den richtigen Weg kommen können und sogar neue Motivation für das Leben entsteht. Ich darf an dieser Stelle verraten, dass Hermann auf der Kreuzfahrt eine Witwe kennengelernt hat, mit der er gerade «die Welt erobert», wie er mir auf einer Postkarte schrieb, die ich kurz vor Redaktionsschluss dieses Buches aus Jamaika erhielt.

HYPNOSE – WARUM UND WOZU?

Die Arbeit mit Emotionen zu erklären ist nicht immer leicht, aber ich möchte die klinische Hypnosetherapie gerne genauer beschreiben. Ich vermute, dass Sie bereits Show-Hypnosen gesehen und von Menschen gehört haben, denen man irgendetwas in die Psyche eingeredet hat. Show-Hypnosen basieren auf der freiwilligen Teilnahme des Publikums. Wer sich hier hypnotisieren lässt, hat den Wunsch, im Rampenlicht zu stehen. Die Hypnose, an der er teilnimmt, gibt ihm die Chance dazu und hilft ihm, Scham vor öffentlichen Auftritten zu überwinden, die er im normalen Leben hat. Daher wirkt es bei einer Show-Hypnose so, als habe er die Kontrolle an den Hypnotiseur abgegeben und sei vollkommen willenlos.

Doch nichts ist von der tatsächlichen hypnoanalytischen Arbeit weiter weg als solche Show-Vorführungen. Es ist nicht so, dass ich einfach etwas in die Psyche meiner vom Messie-Phänomen betroffenen Klienten hineinsuggeriere oder hineinprogrammiere, sondern ich befreie die Psyche von etwas. Ich kann eine Belastung von der Psyche nehmen, denn das Unbewusste des Klienten kennt die Ursache für die Belastung der Psyche. Wenn der Klient dazu bereit ist, können wir daher die Psyche von dieser Belastung befreien und damit das Problem lösen.

Dabei behält der Klient zu jeder Zeit die absolute Kontrolle über sich und seine Gedanken. Würde der Klient den Vorgang nicht selber erfahren, wäre die Befreiung nicht möglich, denn er würde es nicht aus der Tiefe heraus annehmen und verstehen.

Um zu demonstrieren, worüber wir bei einer Hypnose sprechen, möchte ich zunächst einige Situationen nennen, in denen hypnotisch vorgegangen wird, obwohl man das im ersten Augenblick vielleicht nicht vermuten würde:

- Die Gutenachtgeschichte: Sie lesen Ihrem Kind zum Einschlafen eine Geschichte vor? Vielleicht gibt es auch noch eine Spieluhr, die Sie einschalten, bevor Sie aus dem Zimmer gehen? Wunderbar: Sie hypnotisieren Ihr Kind!

- Schmerzen wegpusten: Was machen Sie, wenn Ihr kleines Kind hinfällt und sich einen Kratzer am Knie oder am Arm zuzieht? Sie pusten auf die Wunde, und obwohl das Pusten keinerlei tatsächliche medizinische Wirkung hat, tritt schon bald an die Stelle des Weinens ein Lächeln auf das Gesicht des Kindes. Sie haben es schon wieder hypnotisiert. Genauer gesagt, nennt man dieses Hypnosephänomen auch Analgesie oder Anästhesie. Wobei der zweite Ausdruck Sie mit Recht an die Medizin erinnert. Auch der Anästhesist im Krankenhaus «zaubert» den Schmerz weg. Allerdings benutzt er dafür in der Regel keine Hypnose, sondern Medikamente. In der Hypnose nutzen wir den Effekt der positiven Vorstellung und erreichen somit einen veränderten Wahrnehmungszustand.

- Die Predigt: Sie sind oder waren regelmäßiger Kirchgänger? Es erfüllt Sie mit einem guten Gefühl, von der Kanzel eine Botschaft zu hören, die Ihnen im Leben weiterhilft? Auch hier bestehen Parallelen zur Hypnose.
- Die Schule: Jeder gute Lehrer ist auf seine Weise ein Hypnotiseur, wenn er es schafft, die Aufmerksamkeit seiner Schüler so zu fesseln, dass sie dem Unterrichtsstoff ruhig folgen und sich durch nichts ablenken lassen.
- Die Werbung: Werbung finden Sie nervig und langweilig? Mag sein, trotzdem würden Unternehmen nicht jedes Jahr einen großen Anteil ihres Budgets investieren, wenn sie nicht genau wüssten, dass Werbung wirkt. Die Wirkung entsteht durch die positive Vorstellung, die der Mensch sich vom möglichen Besitz des Produktes macht. Man nennt das Suggestion, eine Form der positiven Vorstellung, mit der unter anderem auch in der Hypnose gearbeitet wird.

Sie sehen: Hypnose finden wir ständig in unserem Leben, sie ist allgegenwärtig, und wir begegnen ihr in vielen Alltagssituationen. Diese Erkenntnis bedeutet auch, dass es sich lohnt, mehr über Hypnose und über die Hervorrufung von Trancezuständen zu wissen, um die sogenannten Alltagstrancen, wie sie etwa durch die Werbung entstehen, besser für sich selbst nutzen zu können.

Grundsätzlich ist Hypnose ein Entspannungszustand, den wir als angenehm empfinden. Alles im Körper lockert sich, Verkrampfungen können sich lösen, und wir fühlen uns beispielsweise leicht schwebend, wie schlafend, warm oder kalt.

Allerdings lassen sich Aussagen über das Gefühl bei einer Hypnose nicht verallgemeinern, weil dieses Gefühl sehr individuell ist. Manche berichten von diesem Schwebezustand, viele fühlen ein angenehmes leichtes Kribbeln, wieder andere auch ein schönes warmes oder kaltes Gefühl im Körper.

Wie aus den Beschreibungen von Alltagshypnosen schon hervorgeht, kann jeder Mensch hypnotisiert werden. Wenn wir uns auf etwas sehr stark konzentrieren, wenn wir in Tagträume verfallen, auch dann sind wir in einem hypnotischen Zustand, wir haben uns selbst hypnotisiert. Dieses Gefühl der Selbsthypnose kennen Sie gut, wenn Sie sich mit Ihrem Smartphone beschäftigen und plötzlich eine halbe Stunde vergangen ist, obwohl Sie doch nur schnell was nachschauen wollten und dachten, es seien höchstens fünf Minuten verstrichen.

Der größte Irrglaube im Zusammenhang mit der Hypnose ist vielleicht die Annahme, es handele sich um einen Zustand, in dem wir keine Kontrolle mehr über unser Bewusstsein haben. Viele setzen Hypnose auch mit einer Art gezielt herbeigeführtem Schlaf gleich. Das stimmt so nicht; der hypnotisierte Mensch ist immer bei vollem Bewusstsein und bekommt all seine Handlungen und Aussagen komplett mit. Allerdings ist es trotzdem möglich, jemanden durch Hypnose zu manipulieren. Hier können wir das Beispiel der Werbung heranziehen. Wir kaufen manches Mal Produkte, deren praktischer Nutzen überschaubar ist, und manchmal wissen wir sogar, dass wir sie uns eigentlich gar nicht leisten können. Trotzdem ist der Drang so groß, das Produkt zu erwerben, dass wir es uns bestellen oder im Laden mitnehmen. Die Hypnose hat also gewirkt, obwohl wir doch die ganze Zeit bei vollem Bewusstsein waren!

Ich beschreibe das so ausführlich, um zu zeigen, dass es sich bei dieser Technik um eine starke therapeutische Methode handelt. Es ist ein Vorgehen, das vom Hypnotisierenden gezielt und mit Verantwortungsbewusstsein eingesetzt werden muss.

Da jeder, der hypnotisiert wird, bei vollem Bewusstsein bleibt, kann er oder sie sich danach auch an alles in der Hypnose Gesagte und Erlebte erinnern. Gerade für die Therapie ist das ein entscheidender Punkt, denn wie sonst sollten Veränderungen in der Lebensplanung und im Verhalten herbeigeführt werden, wenn alle Erlebnisse nach der Hypnose direkt wieder gelöscht wären?

Grundsätzlich kann also jeder Mensch hypnotisiert werden, allerdings gibt es Unterschiede, wie schnell die Wirkung sich zeigt. Wenn jemand in der Lage ist, sich relativ zügig auf neue Situationen einzustellen, wird er es auch leichter haben, sich auf den Trancezustand einzulassen. Es ist ebenfalls leichter, in den Trancezustand zu gehen, wenn man lernt, seine Sinne zu nutzen:

- Visuelle Wahrnehmung mit den Augen
- Auditive Wahrnehmung mit dem Gehör
- Olfaktorische Wahrnehmung durch Riechen mit der Nase
- Gustatorische Wahrnehmung durch das Schmecken mit der Zunge
- Taktile Wahrnehmung durch das Tasten mit der Haut, also das Gefühl

Menschen, die eine oder mehrere dieser Wahrnehmungen nicht mehr beherrschen und es unbewusst ablehnen, sie wiederzubeleben, brauchen eine gewisse Zeit, um zu lernen, die Sinne wieder zu nutzen.

Das ist für meine Arbeit mit Messies von Bedeutung, denn bei vielen meiner Klienten hat gerade die Fähigkeit zu bestimmten Wahrnehmungen in der Vergangenheit eine Gefahr für sie dargestellt. Daher ist es wichtig, den Menschen dieses Erleben auf eine stabilisierende Weise wieder in ihr Gefühlsleben zu integrieren. Recht gut getroffen finde ich die Beschreibung von Gil Boyne, einem der Pioniere der modernen Hypnosetherapie. Er wird von Sven Frank («Hypnosetherapie in der Praxis», Seite 12) wie folgt zitiert:

«Hypnose ist ein natürlicher Zustand des Geistes, für den einige Charakteristika typisch sind: 1. Eine besondere Form der Entspannung. 2. Der emotionale Wunsch, das suggerierte Verhalten auszuführen: Die Person fühlt, dass sie tun möchte, was der Hypnosetherapeut suggeriert, vorausgesetzt, die Suggestionen widersprechen nicht dem allgemeinen Glaubenssystem. 3. Der Organismus steuert sich selbst und reguliert die Arbeit des zentralen Nervensystems auf ein normales Niveau herunter. 4. Verstärkte und erhöhte Empfänglichkeit gegenüber Reizen, die die fünf Sinne oder die vier Hauptwahrnehmungen ansprechen. 5. Sofortige Herabsetzung des psychischen Widerstands.»

In dieser Beschreibung sind die zentralen Punkte gut zusammengefasst, und man bekommt sofort ein Gespür sowohl für die Chancen als auch für die Grenzen einer Hypnose und einer Hypnosetherapie. Wichtig, schon um Ängste zu nehmen, ist die Feststellung, dass Menschen auch in der Hypnose ihren freien Willen behalten. Es ist dem Hypnotiseur nicht möglich, Menschen entgegen ihrer Persönlichkeit oder ihren Werten zu etwas zu zwingen, das sie nicht wollen. Andersherum formuliert bedeutet das: Wenn ich in der Hypnose Dinge zutage fördere, über die Klienten zunächst nicht gesprochen haben, existierte bereits der Wunsch, sich zu offenbaren; der Zugang zu diesen Informationen war nur verstellt. Die Bedürfnisse und die Wünsche aus der frühkindlichen Phase sind im Kern vorhanden, auch die Liebe, die der Mensch zu geben hätte, ist da. Sie ist nur in dieser kleinen Kammer eingeschlossen, die wir unter anderem in den Hypnosesitzungen ausfindig machen können. Die Wunde, die dazu geführt hat, muss dabei nicht geöffnet werden. Das ist nicht sinnvoll, weil es passieren kann, dass diese Wunde anschließend nicht wieder geschlossen werden kann. Es reicht daher, sich diese Wunde in Sicherheit aus der Perspektive des Beobachters anzuschauen. Denn es ist viel wichtiger, dass im Lauf der Therapie der Wunsch entsteht, die Wunde Wunde sein zu lassen und den Weg der Veränderung zu gehen.

Die Hypnose bewirkt, dass die rationale Bewusstseinskontrolle, die unseren Alltag prägt, für die Dauer der Sitzung herabgesetzt wird. Dadurch bekommt das Unbewusste mehr Raum, um die im tiefen Inneren verborgenen Bedürfnisse freizugeben sowie Zusammenhänge zu erleben und damit zu erkennen. So öffnet sich das Bewusstsein stärker für andere Denk- und Verhaltensmuster, sodass wir auf diesem Wege eine Änderung der Wahrnehmung und damit der Lebens-situation anstreben können.

Für meine Arbeit mit den Messie-Klienten kann die Hypnose ein wichtiges Werkzeug sein, sie ist jedoch nicht das einzige. Da Therapie für jeden Menschen unterschiedlich ist, setze ich auch bei jedem unterschiedliche Therapiemethoden ein. Allgemein lässt sich zwar sagen, dass sich ein Messie niemals über eine reine Gesprächstherapie heilen lässt, da ich so nur schwer an die unbewussten Verletzungen der Seele herangehen kann. Doch welche Mischung anderer Therapieansätze wirkt, muss sich immer erst in der konkreten Therapie erweisen.

«ALS OB ETWAS SCHWERES SICH AUFGELÖST HAT» – MICHAELA

Das Beispiel von Michaela möchte ich hier erzählen, weil es in mancherlei Hinsicht typische Merkmale meiner Messie-Klienten aufweist. Ich bin mit dem Wort «typisch» zwar vorsichtig, weil sich, wie schon erwähnt, nie zwei Klienten vorstellen, denen ich mit exakt der gleichen Vorgehensweise gerecht werden kann, aber dennoch offenbart das Beispiel von Michaela einige Reaktionen und Verhaltensmuster, die mir häufiger begegnen.

Zum Zeitpunkt des ersten Gesprächs war Michaela 45 Jahre alt, von Beruf Vorlagenherstellerin mit Weiterbildung zur diplomierten Graphikerin. Sie war in leitender Position in einer großen Werbeagentur angestellt. Auf den ersten Blick also mitten im Leben stehend, für jemanden, der sie nicht näher kannte, unauffällig. Dies zählt zu den Merkmalen, die ich häufig feststelle. Die meisten meiner Klienten sind keine Chaoten, die man bereits im Büro erkennt oder die überhaupt keine Kontrolle mehr über ihr Leben haben. Bei vielen deckt erst der genaue Blick auf die Umstände ihres privaten Lebens auf, in welcher seelischen Notlage sie sich befinden.

So auch hier. Michaelas Ansporn, mich überhaupt aufzusuchen, war zwiespältig. Es war durchaus ein eigener Antrieb zu spüren, aber ein großer Anstoß für den ersten Schritt, der ja nun mal immer der schwerste ist, kam von ihrer Lebensgefährtin. Um die Scham zu überwinden, die einen Menschen davon abhält, unangenehme Dinge wie den Gang zum Therapeuten anzugehen, muss sich ein gewisser Leidensdruck aufgebaut haben. Jemand, der daheim nur immer mal wieder ein paar Stapel von rechts nach links rückt und manchmal an gewünschte Unterlagen nicht herankommt, weil einfach zu viel davorsteht, wird sich nicht zwangsläufig als therapiebedürftiger Messie fühlen und niemals bei mir in der Praxis landen. Der Punkt, an dem es kippt und an dem vor allem auch alle Lebensumstände so sehr beeinträchtigt sind, dass ein Weiterleben in der bisherigen Form kaum noch möglich erscheint, ist bei jedem Menschen individuell. Der eine spürt ihn eher, der andere später, und jedes Mal ist auch das direkte Umfeld entscheidend. Wenn sich ein Partner querstellt und einem Messie die Pistole auf die Brust setzt, indem er mit Trennung droht, ist manches Mal eher der entscheidende Punkt erreicht, als es bei einem Single der Fall wäre. Wenn wir uns an den Fall von Yvonne erinnern, so ist kaum anzunehmen, dass sie so weit hätte abrutschen können, wenn sie nach der Trennung von Marc einen neuen Partner an ihrer Seite gehabt hätte.

Michaela hatte in ihrer Partnerin einen Menschen, der gewillt war, sie zu unterstützen, aber auch den notwendigen Druck ausübte, damit sie sich aufraffen konnte, zu mir zu kommen. Druck ist bei all meinen Klienten ein Riesenthema. Das gilt auch für meinen Einstieg in die Arbeit mit dem Menschen. Ich muss von Beginn an das Gespür für das richtige Maß an Druck entwickeln, den ich im Gespräch und in der Therapie ausüben darf. Der Zwiespalt ist ganz einfach: Ohne Druck bewegt sich oft nichts, da bei meinen Klienten auch die freie Entscheidungsfähigkeit häufig arg eingeschränkt ist. Zu viel Druck jedoch führt dazu, dass «zugemacht» wird. Dann wird es schwierig, das Vertrauen aufzubauen, das unter anderem für die Anwendung und die Entwicklung der therapeutischen Methoden entscheidend ist. Häufig ist in den ersten Sitzungen kaum eine Veränderung für den Klienten zu merken, so vorsichtig und annehmend gehe ich vor, um das richtige Maß zu finden. Der Grund liegt darin, dass immer erst die Stabilisierung im Vordergrund steht, bevor ich den Klienten in die Phasen des Erkennens, des Annehmens, des Erneuerns und des Vollendens begleite.

Michaela hatte zu den Gründen für ihr Kommen bereits «Messie-Syndrom» und auch «Depression» angegeben. Sie konnte auch offen darüber sprechen, dass sie mit einer Frau zusammenlebt. In dieser Beziehung fühlte sie sich frei, wie sie mir erzählte.

Im ersten Gespräch beschrieb sie sich selbst als überkorrekt bis hin zu Zwangsmechanismen wie dem ständigen Reinigen der Kaffeemaschine nach jeder einzelnen Benutzung. Wie für einige andere Klienten war ich nicht die erste Station für Michaela. Sie hatte bereits mehrere Klinikaufenthalte hinter sich und befand sich aufgrund der Depressionsdiagnose in medikamentöser Behandlung. Bei einem dieser Aufenthalte war es ihr gelungen, ihre Homosexualität gut anzunehmen. Im Hinblick auf ihr Zwangsverhalten gab es allerdings keinen Erfolg zu verzeichnen. Im Gegenteil, der Klinikpsychologe hatte sogar steif und fest behauptet, im Kindesalter gebe es kein Zwangsverhalten, obgleich Michaela ihm immer wieder geschildert hatte, dass sie diese Probleme bereits seit früher Kindheit habe. Ohne hier tiefer in das Thema «Zwangsverhalten bei Kindern» einzusteigen, möchte ich erwähnen, dass zwanghaft wirkende Rituale bei Kindern durchaus gesund und wichtig sind. Es muss immer geprüft werden, wo bei manchen Menschen dann der Übergang zu einer psychischen Störung stattgefunden hat. Michaela hatte nach der Aussage des Arztes ihr Inneres endgültig verschlossen.

Die Probleme hielten nicht nur an, sie wurden schlimmer, sodass ihre Lebensgefährtin schließlich gezielt auf die Suche nach Hypnosetherapeuten ging. Sie hatte darüber gelesen und den Eindruck gewonnen, dass hier ein Schlüssel zum Therapieerfolg für ihre Freundin liegen könnte. Und so waren die beiden schließlich auf mich gestoßen.

Mit ihrer Freundin war Michaela zum Zeitpunkt des Erstgesprächs bei mir etwas mehr als ein Jahr zusammen. Vorher hatte sie bereits in einer sehr langen Beziehung zu einer Frau gelebt, die sie sehr geliebt hatte und die an Brustkrebs verstorben war. An Zwangsstörungen sowie Depressionen litt sie gefühlt, wie sie sagte, bereits seit ihrer Kindheit, und sie berichtete zudem von erheblichen familiären Vorbelastungen. Sowohl die Mutter als auch die Schwester waren an Depressionen erkrankt. Den Vater beschrieb sie als ständig betrunken und abwesend.

Neben dem Zwangsverhalten berichtete sie von dem, was sie bereits als «Messie-Syndrom» bezeichnete: dem «klassischen» Sammeln und Horten vieler Dinge. Es waren vor allem Akten, aber auch viele Zeitschriften, CDs, Schallplatten, Bücher und Dekorationsartikel, bei denen Michaela selbst den Sinn oft gar nicht mehr nachvollziehen konnte. Sie beschrieb sich als völlig überfordert mit der Lebensführung, ihre Motivation für den Besuch bei mir sei die Hoffnung, ihr Leben und damit vor allem auch die Beziehung zu ihrer Freundin zu ordnen und besser in den Griff zu bekommen.

Mit der Freundin lebte sie in der Wohnung, in der sie bereits mit ihrer verstorbenen Freundin zusammen gewesen war. Allerdings machte der Vermieter erheblichen Druck; er hatte inzwischen Eigenbedarf angemeldet, als er die Wohnung von seinem verstorbenen Vater erbte, der sie bereits seit 20 Jahren an Michaela vermietet hatte. Ihre neue Freundin Sonja wollte sowieso gerne ausziehen, da so vieles an die verstorbene Freundin von Michaela erinnerte. Sonja versprach sich auch eine Verbesserung im Hinblick auf Michaelas Messie-Problem, da durch einen Umzug das alte Leben komplett abgeschlossen werden könnte.

Michaela selbst spürte im Grunde ihre Bedürfnisse gar nicht mehr und fühlte sich entsprechend auch mit dieser Entscheidung überfordert. Überhaupt war ihr jegliche Lebensfreude abhandengekommen. Sie berichtete mir, dass sie bereits seit ihrer Kindheit Suizidgedanken hatte, die in den letzten Wochen immer mal wiederaufgetaucht seien. Als Grund führte sie unter anderem ihre Mutter an, die sie als ständig negativ und sehr cholerisch beschrieb.

Bei Michaela trat ein Umstand zutage, der sich für meine Arbeit oft als hinderlich herausstellt, allerdings kaum zu vermeiden ist: Weil viele meiner Klienten erst relativ spät mit ihren Sorgen zu mir kommen, haben sie in der Regel bereits eine längere Vorgeschichte, die vor allem zwei Merkmale hat: ständige Versuche der Selbstdiagnose sowie Diagnosen durch verschiedene Ärzte, die einander oft widersprechen. Die Klienten sind also, wenn sie vor mir sitzen, bereits in einem inneren Raum gestellter Diagnosen gefangen. Ich verstehe den Weg der Klienten durch all die Selbstdiagnosen und Urteile von Schulmedizinern als notwendige Reise, an deren Ende mir die Aufgabe zukommt, auf die Verträge zu schauen, die ihre Seele gemacht hat, um zu überleben, und die nun der Auflösung bedürfen. Es ist der Zeitpunkt, an dem neue Wege beschritten werden können, um sich zu befreien.

So war es auch bei Michaela. Sie erzählte mir von ihrem beruflichen Werdegang. Sie hatte Abitur gemacht, anschließend eine Ausbildung und noch ein Studium obendrauf, alles immer mit hervorragenden Noten. In ihrem Job arbeitete sie jeden Tag lange und intensiv und erwarb sich so ein hohes Ansehen bei ihrem Chef und ihren Kollegen. Das alles hatte sie geschafft, obwohl die familiären Startbedingungen nicht gut waren und ihr Privatleben immer wieder von Depressionen und der Ablehnung ihres eigenen Ichs geprägt war. Auch die Bewusstwerdung und das Ausleben ihrer Homosexualität hatten enorme Kraft gekostet.

All dies ließ Rückschlüsse auf Michaelas Seelenvertrag zu, einen Vertrag, den ich in dieser Ausprägung häufiger auch bei anderen Klienten sehe. Wie ich bereits beschrieben habe, ist der Seelenvertrag darauf ausgerichtet, unser Körper-Geist-Seele-System überleben zu lassen. Die Seele versucht um jeden Preis, eine Stabilität herzustellen, die den Menschen funktionieren lässt. Nur so ist es zu erklären, dass so viele Menschen trotz schlimmster Schicksalsschläge und Belastungen nicht zusammenbrechen, sondern irgendwie ihren Alltag organisieren können.

Für Michaela ging es um die Suche nach Bestätigung von außen. Die guten Noten, jedes Lob durch ihren Chef, jeder Erfolg im Beruf festigten ihren Seelenvertrag, zeigten ihr, dass sie es wert war zu existieren. Ein Selbst-Bewusstsein hingegen war bei ihr sehr eingeschränkt. Leistung und gute Noten waren ihre Drogen, die sie zum Überleben brauchte, wie sie selbst feststellen konnte. Ihr Seelenvertrag hatte festgeschrieben: Bei harter und intensiver Arbeit, bei guten Noten bekommst du Lob und Anerkennung, also musst du das auch leisten.

All das erkundeten wir in groben Zügen bereits in den ersten Sitzungen, den behutsamen Vorgesprächen. Sehr beruhigend, auch für Michaela selbst, war, dass sie mir dann sagte, sie habe mir jetzt schon viel mehr erzählt als anderen Menschen in ihrem Leben, da sie sich gut aufgehoben und verstanden fühle.

Zu einer der Sitzungen brachte sie Fotos vom Innenleben ihres Hauses mit – für die meisten Klienten schon ein riesengroßer Schritt. Den Unterschied zwischen Erzählen und Zeigen, zwischen Worten, die immer beschönigen können, und Bildern, die die ungeschminkte Wahrheit zeigen, darf man nicht unterschätzen. Ihre Freundin, ebenfalls Graphikerin in derselben Agentur, hatte sich viel Mühe gegeben und eine sogenannte Mind-Map gezeichnet, die die Zusammenhänge von Michaelas Problemen aufzeigen sollte. Im Gespräch merkte ich schnell, dass sie diese auch für sich selbst erstellt hatte, um sich klarer über die Probleme zu werden. Es war zugleich das positive Signal, dass sie auf jeden Fall bei Michaela bleiben und sie weiterhin unterstützen würde. Das versteht sich nicht von selbst. Nicht selten kommt bei den Klienten zu allem anderen noch hinzu, dass der Partner sie irgendwann aufgibt, um sich selbst zu schützen. Und meistens ist dies sogar die richtige Entscheidung, da es auch beim Messie-Phänomen so etwas wie eine «Co-Abhängigkeit» gibt, die die Partner schließlich in ähnliche Verhaltensweisen treibt.

Das war hier nicht der Fall. Sonja gab Michaela nicht auf, sondern versuchte, sie zu unterstützen, so gut es ihr möglich war. Dabei war es auch für sie sicher nicht einfach, denn die Therapie fördert naturgemäß niemals nur Wissen über den Klienten selbst zutage, sondern wirkt in das Leben des näheren Umfelds, insbesondere in das des Lebenspartners, hinein. So bestätigten etwa die Angaben bei der Sexualanamnese die Annahme, dass Michaela jeden Kontakt zu ihrem Selbst verloren hatte. Sie beschrieb, dass sie auch beim Sex immer danach trachte, die Bedürfnisse ihrer Partnerin zu erfüllen, weil sie sich über ihre eigenen Wünsche unsicher sei.

DIE ERSTE HYPNOSE

Michaela war bald für die hypnotherapeutische Arbeit bereit, und es war deutlich, dass diese eine gute Möglichkeit bieten würde, zu ihrem «Inneren Kind» zu reisen und zu schauen, welche Verstecke ihre Seele angelegt hatte, um sich vor Verletzungen zu schützen. In der dritten Sitzung erzählte sie mir, dass sie vom Verlauf der ersten Sitzungen so motiviert worden sei, dass sie daheim einfach angefangen habe, zumindest von den Zeitschriftenstapeln Teile herunterzunehmen und wegzuwerfen. Allerdings verursachte das ein sehr schlechtes Gefühl, sodass sie schon bald wieder damit aufhören musste, um nicht zusammenzubrechen. Sie hatte sich selbst wieder unter Leistungsdruck gesetzt. Ich konnte Michaela dabei unterstützen, dass sie sich erlaubte, alles langsam anzugehen, auch wenn unsere Sitzungen sie in Euphorie versetzten. Sie musste lernen, zu fühlen, welches Tempo für sie das richtige war.

In der Hypnose bestätigten sich meine Vermutungen. Üblicherweise dient eine Entspannungshypnose, die ich mit Michaela machte, vor allem dem Zweck, Energie freizusetzen und fließen zu lassen. Ziel ist, den eigenen Körper wieder zu fühlen, alle Sinne zu erfahren, damit der Fokus auf das tiefe Innere gelenkt wird und der Klient wieder zu sich selbst kommen kann. Michaela berichtete mir unter der Hypnose von einem Gefühl der inneren Leere, sie sehe sich als Spielball und als völlig angepasst, egal was sie in ihrem Leben angehe. Sie sah keinen Weg, den sie gehen konnte oder den sie gehen mochte; alles, was sie machte, entsprang nicht ihrem eigenen Gefühl, sondern Druck von außen. So fiel es ihr auch in der Hypnose schwer, sich selbst zu spüren.

Nun war es wichtig, dass wir weiter mit Instruktionen für die Entspannungsführung arbeiteten. Dazu gehören auch Ateminstruktionen, bei denen ich mit den Klienten atme, um genügend Zeit zu geben und nicht zu drängeln. Die räumlichen Verhältnisse müssen dazu im Hinblick auf Licht, Luft und Ruhe optimal gestaltet sein.

DIE BILDKARTEN

Unter den vielfältigen Möglichkeiten, den Weg des Erkennens, Annehmens, Erneuerns und der Vollendung einer neuen Landkarte des Lebens zu gehen, befindet sich auch die Arbeit mit Bildkarten. Das können Tarotkarten sein oder andere Karten mit Bildern und Zeichnungen; wichtig ist nur, dass die Klienten anhand der Bilder auf den gezogenen Karten eine Geschichte erzählen können. Mit Michaela habe ich mit dem Kartenset «Daughters of the Moon Tarot» gearbeitet, das ich seit zwanzig Jahren in der Therapie benutze. Diese Karten wurden in den siebziger Jahren als «matriarchalisches Tarotspiel» konzipiert. Die Schöpferinnen dieses Tarots wollten damit bewusst an die verdrängten weiblichen Ursprünge unserer Kultur anknüpfen, an die mythische Zeit des Matriarchats, seiner Göttinnen und tiefen Weisheit.

Ich nutzte also diese Karten nicht im eigentlichen Sinne des «Kartenlegens», sondern ich ließ Michaela drei Karten ziehen, gab den Anfang einer Geschichte vor und bat sie, die Geschichte anhand der gezogenen Bilder weiterzuerzählen. Ich leite die Klienten dabei an, einfach nur eine Geschichte zu erzählen, so wie sie einem Kind ein Märchen vorlesen würden. Der Beginn lautete: «Ein Baby wird in eine sichere Umgebung geboren.» Und Michaela erzählte dazu das Folgende:

«Das Baby lebt mit seinen liebevollen Eltern in einem schönen Haus in der Natur mit einem großen Garten. Das Kind fühlt sich sehr wohl. Es lebt mit seinen Eltern zusammen, bis es größer wird, und die Eltern lassen es in die große weite Welt ziehen. Es lernt das Leben kennen und wird dabei erwachsen. Es beginnt, andere Menschen zu motivieren, und diese orientieren sich an seinem Verhalten. Doch es bemerkt, dass es keine Königin sein will. Es setzt daher eine andere Königin für das Volk ein und geht einen anderen Weg. Es zieht erneut in die Welt hinaus, um fortan zufrieden, glücklich und frei von jeder Moral ein freies Leben zu führen.»

Im nächsten Schritt bat ich Michaela, ihren Text laut zu lesen, in der Ich-Form. Mit der Ich-Form verändern sich die Perspektiven, und damit ändert sich auch die Außenwahrnehmung. Die Folge ist eine neue Wahrnehmung der eigenen Emotionen. Der Weg und die Wirkung der Geschichte liegen ganz alleine bei dem Klienten. Meine Aufgabe ist es, zuzuhören und den geschützten Raum zu bieten.

In der Abschlussrunde der Sitzung sagte Michaela mir dann, wie schön es gewesen wäre, «so ein Zuhause gehabt zu haben». Sie berichtete von einer Sicherheit und einem wohligen Gefühl, das die Erzählung in ihr ausgelöst habe. Sie könne es «kaum fassen», so sagte sie, da solch ein Wohlgefühl in ihrer bisherigen Gefühlswelt vollkommen «abstrakt gewesen» sei.

Für Michaela war die gute und tiefe Arbeit mit den Karten ein weiterer Schritt auf dem Weg zu sich selbst. Die Arbeit mit solchen emotionsbasierten Methoden wie Hypnose, Karten, Aufstellungen und anderen mehr ist komplex. Auch von meiner Seite bedarf es dabei einer offenen und freien Haltung.

Michaela konnte eine neue Erfahrung machen, sich neue emotionale Fertigkeiten aneignen. Dazu gehörte in diesem Fall, dass sie erfuhr, wie man Emotionen identifiziert und damit spürt, was man selbst fühlt und was andere fühlen. Daraus resultierend lernt man auch, wie man einander widersprechende Gefühle zusammenbringen und wie man in der Zukunft neue positive Gefühle erleben kann.

Mit diesem Ergebnis konnte ich dann mit Michaela in die nächste hypnotische Sitzung gehen.

REISE IN DIE INNENWELTEN

Die folgende Sitzung war der ideale Zeitpunkt, um mit Michaela auf eine Reise zu gehen. Zur Einleitung und Vorbereitung nahm ich ihren Kopf in meine Hände und hielt dabei sanft ihre Vertiefungspunkte am Hinterkopf und im Nackenbereich. Ich machte das so lange, bis ich spürte, dass Michaela tief entspannt und damit bereit war, fortzufahren. Diese Entspannung ist notwendig, damit der Klient Sicherheit fühlt und sich darauf einlassen kann, was auf der Reise passiert. Um die Intensität der Erlebnisse zu steigern oder zu mindern, forderte ich Michaela nun auf, ihren Atem zu nutzen. Wir hatten ja in den Sitzungen zuvor mehrfach die Wirkung der Atmung erprobt. Daran sollte sie sich erinnern, denn auf der nun folgenden Reise konnte sie mit Hilfe der Atmung die Ereignisse und Erlebnisse selbst steuern. Ich bat Michaela, sich vorzustellen, wie sie sich auf eine Wolke setzte und mit ihr in die Vergangenheit reiste. Sie möge mir einfach berichten, was sie von ihrer Wolke aus sehen konnte.

Sie berichtete, sie sehe ihren Vater, der irgendwie stets schmutzig sei, und sie sehe die Mutter, die ständig aufräume. Ein auffälliges Detail war ein Schaukelpferd, das ihr häufig erschien. Das Kind, als das sie sich sah, lag auf diesem Schaukelpferd, umarmte es immer wieder und wippte hin und her.

Die Eltern stritten häufig, beobachtete sie, das Leben schien für sie ausschließlich anstrengend zu sein und keine guten Seiten zu bieten. Sie sah ein kleines Mädchen, das einfach nur in der Ecke saß, um nicht aufzufallen. Es war stets brav und achtete sehr darauf, alles richtig zu machen. Vor diesem Mann, der die Mutter anschrie und am ganzen Körper mit den Händen berührte, ekelte sie sich.

Auf ihrer Wolke konnte Michaela dabei die ganze Zeit in der Perspektive des Beobachters bleiben. In der intensiven Atmungsphase bat ich sie, sich in die Intensität der Ereignisse zum Zeitpunkt ihrer Entstehung zu versetzen, ohne dabei das Ereignis selbst wieder zu erleben. Ich leitete sie an, die Energien, die sie spüren konnte, mit ihrem Atem aus dem Körper fließen zu lassen. Dabei sollte sie erfühlen, an welchem Punkt ihres Körpers sie diese Energie am besten abfließen lassen konnte. Wenn die Erfahrungen, die sie gerade machte, zu stark wurden, konnte sie sich durch das Kreuzen ihrer Arme über der Brust aus der Situation lösen.

Diese Sitzung war für Michaela ein kleiner Durchbruch, so sagte sie es mir selbst. Wenn ich einen Menschen auf solchen Reisen begleite, reise ich innerlich mit und sehe ebenfalls Bilder. Ich begebe mich mit auf den Weg. Ich bin jedoch nur Begleiterin, ich steuere die Gedanken des Klienten in keine Richtung und nehme mich aus dem Assoziationsprozess komplett heraus. Das ist vor allem deshalb wichtig, weil die Klienten ja gerade darunter leiden, dass sie in ihrem Leben andauernd Zeit- und Erwartungsdruck ausgesetzt sind. Ständig wird alles, was gesagt und getan wird, einer Überprüfung unterzogen, interpretiert und im Zweifel darauf hingewirkt, dass sich doch schnell etwas ändern soll. Diese Art von Beschleunigung ist kontraproduktiv und spielt deshalb in meiner Therapie keine Rolle.

Es gibt auch keine Vorgaben, welche Erlebnisse auf einer solchen Reise erscheinen können. Das, was am Ende als Erkenntnis steht, kommt immer allein aus dem Inneren des Klienten. Wenn es uns gelingt, den Seelenvertrag zu erkennen oder das «Innere Kind» nachreifen zu lassen, so ist das nicht durch Vorgaben geschehen; es ist vielmehr eine Dimension der Erlebnisse des Klienten. Nur so, wenn der Mensch erfährt, dass er selbst etwas erkannt hat, kann dieses Erlebnis dazu beitragen, dass sich im Leben wirklich etwas ändert.

Auf der Reise gelangte Michaela zu den verschütteten

Geschichten, die sie tief in sich vergraben hatte und die doch eine so große Rolle für ihr Leben spielten. Als Therapeutin durfte ich in diesem Fall die Geduld und Ruhe aufbringen, die Michaelas Eltern nie gehabt hatten. Arbeiten wie diese sind sehr berührend und beeindruckend und finden im tiefen Inneren statt. Es ist wunderschön, Menschen auf diese Art und Weise begleiten und ihr neues Bewusstsein fördern zu dürfen.

Michaela erzählte mir dann, dass auch die Beziehung zu ihrer früheren Freundin nicht unproblematisch gewesen sei, obwohl sie diese sehr geliebt habe. Vor allem habe sie Schwierigkeiten mit körperlicher Zuwendung gehabt, was die Freundin sehr traurig gemacht hatte. Ihren Tod hatte Michaela dann auch als Strafe für eigenes Fehlverhalten interpretiert.

In der nächsten Sitzung sollte Michaelas neue Sicht auf ihr Leben gefestigt werden. Das Ziel war, Altes abzustreifen und damit in die Wandlung zu gehen, um die Lebenswendepunkte zu erreichen. Dazu reiste ich mit ihr «zur weisen alten Frau».

Nach der Vertiefung der Trance bewegten wir uns auf einem schmalen Bergpfad hinauf zu der Höhle, wo die weise alte Frau lebt. Diese imaginierte Michaela, sie traf sie, durfte ihr Fragen stellen und berichtete von den Antworten, die sie erhielt. Im nächsten Schritt sollte sie sich selbst in die weise alte Frau hineinversetzen und fühlen, wie es ist, so alt und weise zu sein. In dieser Rolle konnte sie sich selbst als der Besucherin noch einen Ratschlag mit auf den Weg geben. Zu guter Letzt bekam Michaela von der weisen alten Frau ein Geschenk, das speziell für sie ausgesucht worden war und nur für sie eine bestimmte Bedeutung hatte.

Michaela konnte mittlerweile sehr schnell tief entspannen und in

Trance gehen. Auch auf dieser Reise fühlte sie sich geborgen, sicher und stark. Es gelang ihr zunehmend gut, sich auf ihr Körpergefühl zu konzentrieren und sich ganz ohne Druck angenommen zu fühlen. Die Frage, die sie der weisen alten Frau stellte, lautete: «Wozu bin ich auf der Welt?» Also genau die Frage, die sie sich ihr ganzes Leben über immer verboten hatte.

Das Geschenk, das sie von der weisen alten Frau bekommen hatte, war ein Haifischzahn an einer Kette. Als ich sie bat, selbst zu dem Haifischzahn zu werden, um mir zu sagen, wie er seiner neuen Besitzerin dienen kann, nannte sie ein positives Gefühl von Stärke und Abwehr äußerer Bedrohungen. Während sie sich also ihr ganzes Leben über immer mit dem Verlust und dem Preisgeben von Kontrolle und Stärke beschäftigt hatte, hatte sie jetzt etwas, das ihr Stärke verlieh. Mit diesem Gefühl konnte sie sich nun von den Schuldgefühlen befreien, die ihre Mutter ihr eingeredet hatte. Der Zahn war für Michaela ein starkes Symbol, das ihr Kraft verlieh und auf das sie sich positiv beziehen konnte. Mit Hilfe dieses Geschenkes und der emotionalen Erkenntnis bekam sie wieder ein Gespür für sich selbst und damit auch ein Gefühl dafür, was ihr guttat. Sie wusste nun, dass es ihr nicht helfen würde, jeden Druck von außen ungefiltert aufzunehmen, sondern dass sie sich abgrenzen musste, um sich zu schützen. Natürlich war es nun ein Lernprozess, diese Erkenntnis weiter zu integrieren und damit anzunehmen.

Michaela konnte nun wahrnehmen, dass sie in ihrer Wohnung Schutzmauern errichtet hatte, die eine Zeitlang auch richtig für sie gewesen waren. Die Zwangshandlungen waren notwendig, um die Festigkeit der Schutzmauern immer wieder zu prüfen; auch das erkannte sie jetzt. Neben der Bindung an die Dinge, die auch hier wieder die innere Leere füllen sollten, fungierten die Zeitschriften und anderen Sachen auch als Bollwerk gegen das feindliche Außen. Die vielen Zeitschriften und Bücher gaben ihr zudem das Gefühl, etwas über die Welt zu erfahren, die sie selbst in der Kindheit nicht erleben durfte.

Ich setzte die Arbeit mit Michaela fort, in der nächsten Hypnosesitzung ging es um «Stoppen und Ersetzen». Das ist eine Technik, mit der der Klient lernt, negativen Gefühlen im Moment ihres Aufkommens etwas entgegenzusetzen, sie also tatsächlich zu «stoppen» und zu «ersetzen». Es ist eine Form der Autosuggestion, die irgendwann automatisiert abläuft und dem Klienten damit auch in schwierigen Situationen helfen kann, sich von Druck abzugrenzen. Auch dies ist also eine Form der psychischen Nachreifung.

KRISE UND PRÜFUNG

Michaela hatte in recht kurzer Zeit große Fortschritte gemacht. Indessen besteht das Leben ja nicht nur aus dem geschützten Raum der Therapiesitzungen. Alles, was hier an Erkenntnissen aus der Seele kommt und an Techniken gelernt wird, steht im realen Leben auf dem Prüfstand, denn das Leben fragt auch weiterhin nicht danach, ob es Druck aufbauen darf oder nicht. In Michaelas Fall kam dieser Druck schon bald durch die Angst vor dem bevorstehenden Umzug auf.

Zusammen mit ihrer Freundin hatte sie die Entscheidung getroffen, sich eine neue Wohnung zu suchen. Ihr Unbewusstes reagierte auf die anstehenden Veränderungen empfindlich, und dieser Druck von außen führte zu einer spürbaren Krise. Michaela schaffte es trotzdem, gemeinsam mit ihrer Freundin durch diese Krise zu gehen. Hilfreich für meine Klienten ist in solchen Situationen die Gewissheit, dass sie sich jederzeit auch zwischendurch bei mir melden können. Ich fungiere dann gewissermaßen als Sicherheit, falls die Dinge sich nicht so entwickeln wie erhofft.

Zusätzlich übten wir in der folgenden Hypnosesitzung eine weitere Stärkung ihres Selbstbewusstseins ein. Diese Übung heißt «Du darfst – du kannst» oder auch «Sich selbst die Erlaubnis geben». Das ist, wie der Name schon sagt, eine suggestive Technik, die es uns bei Hemmungen und Blockaden erlaubt, zu sagen: «Ich darf das und ich kann das!»

Zu diesem Zeitpunkt war Michaela erst sechs Monate in der Therapie. Und wenn man bedenkt, wie viele Jahre sie davor unter ihren Blockaden, Depressionen und Suizidgedanken gelitten hatte, hatte sich bereits enorm viel getan. Und sie bewies, dass sie zunehmend in der Lage war, auf Probleme selbst zu reagieren. Ihr Messie-Problem wendete sich zum Guten, als sie zu spüren begonnen hatte, dass das Vollstopfen ihrer Wohnung die innere Leere aufgefüllt und einen Schutzraum gebildet hatte, um angstfrei zu leben. Mit dieser Erkenntnis und dem Annehmen der Bilder schaffte sie es, in die erste Phase der Erneuerung zu gehen und Sachen zu entsorgen. Sie konnte sich dabei auch von Seelenballast befreien, von Schuldgefühlen gegenüber ihrer verstorbenen Freundin zum Beispiel. Sie konnte die Erkenntnis, dass sie nicht schuld an ihrem Tod gewesen war, annehmen und diese Beziehung in Würde verabschieden.

Nach diesen Veränderungen und Erneuerungen gelang es Michaela auch, eine neue Wohnung zu finden und gleichzeitig mit dem Druck umzugehen, der nun wiederum durch den konkret bevorstehenden Umzug entstanden war.

Als dieser Umzug kurz bevorstand, bat Michaela mich um einen zweiten Hausbesuch. Ich unterstützte sie und ihre Freundin Sonja beim Entsorgen der vielen Zeitschriften, Aktenordner, der Bettwäsche, Handtücher und Deko-Elemente, von denen sie sich nun endgültig trennen wollte. Wir konnten Kisten packen, die sie an Sozialkaufhäuser und Asylunterkünfte weitergeben wollte. Dabei erzählte sie mir von einer weiteren Erinnerung an ihre Kindheit, in der immer sehr lange an Gegenständen und Haushaltsartikeln festgehalten worden war. Als Kind wurde ihr ständig gesagt: «Das schmeißt man aber nicht weg!»

Michaela schaffte den Umzug, und sie schaffte es auch, sich von vielen Dingen aus ihrem Haushalt und Büro zu trennen. Die neue Wohnung ist schön und sortiert eingerichtet, ein kleines Zimmer dient als Schatzkammer und Rückzugsort. Dieser persönliche Ort ersetzt die Höhle auf positive Weise. Er hat ein gutes Raumklima, ist ansprechend dekoriert und lädt zum Meditieren ein.

Ich begleite Michaela heute noch, doch sind nur noch ab und zu Sitzungen notwendig. Meine Klienten wissen es allerdings zu schätzen, dass sie mit mir in Verbindung bleiben können. Es kann durchaus geschehen, dass noch Jahre nach einer erfolgreichen Therapie Lebenssituationen eintreten, mit denen der Mensch nicht allein fertig wird und in denen die erlernten Techniken wieder aufgefrischt werden müssen. Dann steht meine Tür offen und wir schauen gemeinsam, wo und wie ich unterstützen kann.

WIE WIR WOHNUNG UND SEELE AUFRÄUMEN

Ich wünsche mir, dass dieses Buch eines deutlich gemacht hat: Wir sollten sehr vorsichtig damit sein, Menschen leichtfertig als «Messie» zu bezeichnen. Vor allem, wenn es als Schimpfwort gemeint ist. Nicht jeder, der unordentlich ist, ist ein Messie. Das Messie-Phänomen ist eine ernsthafte Störung des emotionalen Gleichgewichtes. Menschen, die uns mit ihrer Unordentlichkeit nerven und die wir am liebsten meiden würden, führen einen schweren Kampf in ihrem Leben, bei dem sie Hilfe brauchen.

Wir müssen immer genau hinschauen: Seit wann besteht das Problem? Oft sind auf diese Weise situative Auslöser schon gut festzustellen und man kann gezielt an die Ursachen herangehen. Wenn das nicht der Fall ist, haben wir es in der Regel mit frühkindlich geprägten Auslösern zu tun. Diese beiden Möglichkeiten, situative oder frühkindliche Ursachen, sind immer Hintergrund einer schwerwiegenden Ausprägung des Messie-Phänomens.

Es wird in vielen Therapieformen am «Inneren Kind» oder auch dem «Kind-Ich» gearbeitet, und das ist richtig so. Die Gefahr dabei ist jedoch, dass oft vergessen wird, warum wir das tun. Wenn wir zum Ziel nur die Heilung des Inneren Kindes haben, dann werden wir niemals fertig. Je mehr wir uns nur auf die Wunden konzentrieren, desto mehr Wunden würden wir erkennen. Wir würden dann unnötig dramatisieren und nur noch mehr innere Verletzungen hervorholen.

In meinem Ansatz geht es darum, dass ein Betroffener in einen Transformationsprozess geht und also eine Wandlung erfährt. Dieser Prozess, in dem eine neue Lebenslandkarte erschaffen wird, sorgt dann dafür, dass er erfüllter leben kann. Das Ziel ist also nicht, all die inneren Wunden zu heilen. Das Ziel ist für mich, dass die Betroffenen in den Bereichen, in denen sie nicht erfüllt, also nicht glücklich sind, wieder glücklich werden können. Dann können sie auch von den Dingen Abstand nehmen und sich von jenem trennen, das ihnen bisher als Ersatz gedient hat. In dem Moment, in dem die Betroffenen beginnen, das neue Glück in Lebensenergie zu verwandeln, erkennen sie auch, wo sie blockiert waren. Auf diese Weise gesundet nach und nach das «Innere Kind».

Letztlich geht es darum, auf eine neue Art und Weise Erfüllung im Leben zu finden. Für mich ist «Erfüllung» ein großes Wort: Wenn wir diese ganze Fülle in uns ohne die dingliche Welt fühlen und auch ausdrücken können, dann sind wir wirklich erfüllt. Nur dann fühlen wir uns ganz und vollständig. Im konkreten Sinne ist Erfüllung natürlich für jeden Menschen etwas anderes. Den Weg dorthin zu erkennen und in Körper, Geist und Seele zu erfahren, das ist meine Methode, mit der ich an der Messie-Problematik arbeite. Ich habe dafür den Begriff «mindwind» erschaffen, um zu zeigen, dass es eine Mischung aus Ansätzen alter und neuer psychotherapeutischer Erkenntnisse ist. Aus meiner Sicht geht es darum, innere und äußere Erfüllung in der Tiefe zu verankern. Dies geschieht durch die Wiederherstellung von innerer Balance und kreativer Stärke mit Dynamik und Energie. Ist das Leben nicht im Gleichgewicht, so kann es zu Störungen auf der körperlichen wie auf der seelischen Ebene kommen. Mit meiner therapeutischen Arbeit stehe ich meinen Klienten auf ihrem Weg zu dem inneren Ausgleich und der Erfüllung der Seele zur Seite.

Wenn bei Klienten das Urvertrauen so enttäuscht wurde, dass sie ihr Leben lang Schwierigkeiten deswegen haben, dann geht es für sie darum, spüren zu lernen, was sie brauchen, um wieder vertrauen zu können. Es ist dazu nötig, ein starkes Selbst zu entwickeln durch neue Liebe zu sich selbst. Wenn das dann in Resonanz gehen kann mit Lob, Anerkennung und Wertschätzung, mit der Liebe von anderen Menschen, dann kann die Seele wieder heil werden.

Eigentlich werden diese Grundlagen im guten Verlauf des Lebens in der frühen Kindheit gelegt. Schauen wir das Beispiel des Laufenlernens an. Es besteht aus «laufen, hinfallen, aufstehen, weiterlaufen, wieder hinfallen, wieder aufstehen …», und so geht es weiter, bis wir eines Tages einigermaßen sicher auf zwei Beinen durchs Leben gehen. In dieser Phase unseres Lebens haben wir eine nicht enden wollende Energie und Vertrauen in uns selbst. Nicht umsonst gibt es im Erwachsenenleben einen Spruch, der uns helfen soll, mit Niederlagen umzugehen. Scherzhaft sagen wir dann: «Aufstehen, Krönchen richten, weitergehen.» Das jedoch schaffen wir nur, wenn wir stark sind und Vertrauen haben, vor allem in uns selbst und in eine sichere Umgebung. Das Gute ist, dass diese Kraft noch in uns ist, auch wenn wir sie irgendwann aus Schutz in eine Kammer gesperrt haben, weil sie in bestimmten Situationen gefährlich für uns war.

Kinder müssen immer Liebe spüren, um unbeschwert aufwachsen zu können. Kinder spüren Liebe auch durch Zorn hindurch, es geht also nicht darum, dass ständig Friede, Freude, Eierkuchen herrschen muss. Streit und Auseinandersetzungen gehören zum Leben, genauso wie Enttäuschungen und die Erfahrung, nicht alles immer sofort bekommen zu können. Wichtig für Kinder ist immer, dass all das in Sicherheit vermittelt wird, nur dann nimmt die Seele keinen Schaden.

Die Biographien meiner Klienten bringen in dieser Hinsicht oft Erstaunliches zutage, mehr unglaubliche Geschichten, als ich in diesem Buch erzählen kann. Oft ist es fast unbegreiflich, was Menschen bereits durchgestanden haben, ohne vollends daran kaputtzugehen. Genau in solchen kritischen Momenten haben sie die Seelenverträge geschlossen, um traumatische Erlebnisse zu ertragen. Trotz aller Schicksalsschläge sind diese Menschen noch da, und sie sind oft sehr erfolgreich. Der Verlust von Sicherheit und Anerkennung im Privatleben wird oft noch über das Berufsleben kompensiert. Das Chaos breitet sich dann in genau jenem Rückzugsraum aus, den das Private eigentlich bieten sollte. Dies führt dazu, dass die Suche nach Anerkennung irgendwann nur noch im Außen funktioniert.

Deshalb kann das Aufräumen der Wohnung nur dann wirklich nachhaltig gelingen, wenn wir unsere Seele aufgeräumt haben. Unser äußeres Chaos bildet immer nur den

Zustand in unserem tiefsten Inneren ab. Wenn wir das verstanden haben, können wir ans Aufräumen gehen. Das muss nicht zwangsläufig im Rahmen einer professionellen Therapie sein. Jeder von uns kann in seinem eigenen Leben etwas tun, um wieder zu sich selbst zu kommen.

Dazu möchte ich anmerken, dass es hier nicht nur um das äußere Chaos geht, welches wir beim Messie-Phänomen sehen. Jeder Einzelne kann auch so einmal genauer hinschauen, welche Formen von Chaos er in seinem Leben hat, beispielsweise berufliche Unzufriedenheit, Zwist in der Partnerschaft, physische Krankheiten, Essstörungen, Alkohol- oder andere Drogenprobleme.

Vieles kann ein ausuferndes Messie-Phänomen auslösen. Perspektivlosigkeit und Zukunftsängste zum Beispiel, die in Krisensituationen entstehen. Auch unsere ständige tägliche Überforderung, der stetige Druck, das Hamsterrad am Laufen zu halten, kann dazu führen, dass wir es nicht mehr schaffen, unseren Haushalt in Ordnung zu halten. Die digitale Welt stellt uns vor ganz neue Herausforderungen, weil sie auf allen Gebieten die Geschwindigkeit des Lebens erhöht hat. Und mit der Geschwindigkeit ist der Druck auf uns alle gestiegen. Auch sind wir täglich unzähligen Katastrophenmeldungen ausgesetzt, die uns quasi in Echtzeit erreichen und unsere Seele belasten. Testen Sie einfach einmal das Folgende: keine Nachrichten zu schauen oder E-Mails nur ein Mal in der Woche abzurufen und zu bearbeiten. Nicht sofort auf eine WhatsApp-Nachricht oder SMS zu antworten. Mit den Freunden einfach mal zu telefonieren, anstatt sich Facebook-Nachrichten zu schicken. Oder laden Sie sie zu einem gemütlichen abendlichen Bildervortrag über Ihren letzten Urlaub ein, anstelle die Fotos auf Instagram zu posten. So wie es früher viele lustige Dia-Abende gegeben hat.

Ersetzen Sie doch einfach mal das Wort «ich muss» durch «ich darf» oder «ich kann» und horchen Sie einmal in sich hinein, wie sich das anfühlt. Wir leben oft in einer Art ständiger Alarmbereitschaft. Stress, der in Maßen nützlich ist, wird plötzlich chronisch und kann nicht mehr abgebaut werden. All das führt zu einer Überforderung der Seele.

Nicht jeder unordentliche Haushalt ist ein Messie-Haushalt, bei manchen ist das Chaos auf eine vorübergehende Überforderung zurückzuführen. Nicht jeder Mensch braucht also auch eine Therapie. Aber fast immer steckt hinter der Unordnung eine unbewusste Entscheidung, etwas nicht aufzuräumen. Wenn es also den Wunsch gibt, wieder Ordnung zu schaffen – und daraufhin sollte man sich befragen –, dann ist es immer sinnvoll, nach dem inneren Grund für die Unordnung zu forschen. Wenn man nicht zur Ursache vordringt, wird, wenn man einen Teil des Problems bewältigt, zum Beispiel das Sammeln einer bestimmten Sache beendet hat, bald wieder eine andere Sache folgen.

Ordnen ist für Betroffene aller Grade eine – freilich unterschiedlich große – Belastung, eine Herausforderung. Aber, und die meisten von uns haben diese Erfahrung schon einmal gemacht, es kann auch ein schöpferischer, fast künstlerischer Prozess sein. Es entspricht einer ursprünglichen künstlerischen Kraft und Form; es kann Spaß machen, wenn man aktiv wird, und es ruft eigene innere Heilkräfte wach.

Damit Unordnung wieder zu Ordnung gestaltet wird, ist oft ein Vorgehen in kleinen Schritten sinnvoll. So ist es sinnvoll, mit einer kleinen Ecke in einem Zimmer anzufangen, sie zu pflegen, schön zu gestalten, sich an ihr zu freuen und an dem positiven Gefühl, das ihr Anblick vermittelt: Diese Ecke habe ich schon aufgeräumt und damit etwas Besonderes geschaffen.

Es könnte ein Tisch sein, am besten am Eingang bzw. im Flurbereich. Wenn der Tisch sauber ist, bewusst geschmückt und gestaltet wurde und Lebendigkeit ausstrahlt, wird er in der Regel auch nicht aufs Neue überfrachtet. Vielmehr wird er zum sichtbaren Zeichen eines Erfolgserlebnisses. Und ein sicherer Hafen für den Betroffenen, wenn das Chaos ihn mal wieder allzu sehr bedrängt.

Wer aufräumen möchte, die Wohnung und die Seele, tut gut daran, sich zu überlegen, was er am dringendsten verändern und womit er beginnen möchte. Das muss nicht dasselbe sein; wichtig ist die Zuversicht, den Anfang auch schaffen zu können. Um dann in kleinen, aber nachhaltigen Schritten voranzukommen.

Auf dem Weg zu einer neuen inneren Landkarte

Es müssen Strategien gefunden werden, um aus permanenten Drucksituationen herauszukommen, wieder Perspektiven aufzubauen und nach vorne zu schauen. Dazu ist es schon nützlich, wenn wir aufhören, das Leben als einen ständigen Kampfplatz anzusehen. Denn genau das tun wir, wenn wir uns in Alarmbereitschaft befinden. Demjenigen, der den Spruch geprägt hat: «Das Leben ist halt kein Ponyhof», möchte ich entgegenhalten: Doch! Zumindest sollte es das tendenziell wieder werden. Ob Ponyhof oder Spielplatz – mit dieser Sichtweise auf unser Leben können wir eines schaffen: den Druck rausnehmen, neue Perspektiven eröffnen und damit die Wahlmöglichkeit, die wir nicht mehr spüren, wieder in den Blick bekommen. Denn nach wie vor gilt für jeden von uns: Wir haben immer eine Wahl!

Ich arbeite gerne mit dem Bild der Landkarte: Es geht darum, innerlich neue Landkarten zu gestalten, alte, eingefahrene Wege zu verlassen und zu vergessen, neue zu finden und zu befestigen. So kann sich ganz von alleine auch das äußere Chaos nach und nach auflösen. Wenn Sie jetzt hier aufschreien mögen und mir gerne sagen wollen: «Das ist doch gar nicht so einfach», dann haben Sie natürlich recht. All das geht nicht mal eben so von heute auf morgen. Es ist viel mehr «Lebensarbeit». Es geht darum, wie die neue Landkarte sinnstiftend werden kann. Was ist der Sinn des neuen Weges? Wie kann ich die neuen Ideen für mich handhaben? Das sind die Fragen, die es zu beantworten gilt.

Es bedarf vier Phasen, um das Messie-Phänomen aufzulösen: Erkennen – Annehmen – Erneuern – Vollenden; dies alles mit der Kraft des eigenen Willens und dem Ziel der Veränderung. Die Erkenntnis, die bei meinen Klienten in der Regel durch die Analyse einsetzt, macht die Seele der Heilung zugänglich. Darüber kommen sie wieder ins Gefühl, die nachreifende emotionale Intelligenz kann helfen, den Willen zu unterstützen, der für die Umsetzung der gewonnenen Erkenntnis benötigt wird. Ein anderes Bild, das die angesprochenen vier Phasen auf dem Weg aus unserem seelischen Ungleichgewicht symbolisiert, ist das «Heilungsrad». Dieses Rad hat vier Teile, die man auch als Identifizierung, Differenzierung, Integration und Transformation unseres Selbst bezeichnen kann.

In der Identifizierungsphase kommt der Betroffene zur Erkenntnis der Zusammenhänge. Es ist wie ein Memory-Spiel, bei dem es darum geht, die verschiedenen Karten aufzudecken, die Bilder zu sehen und passende zusammenzuführen. Allerdings werden hier die Paare von Bildern gebildet, die scheinbar nicht zusammenhängen. Das macht die Sache schwierig. Indem Bilder und Situationen identifiziert werden, kann die Notwendigkeit einer neuen Landkarte erkannt werden.

In der Differenzierung geht es darum, an der Erstellung der neuen Landkarte zu arbeiten und die Erkenntnis anzunehmen, dass jeder von uns immer eine Wahl hat. Hier lösen sich Blockaden, die im nächsten Schritt, der Integration, nicht mehr verhindern können, dass Lebensentscheidungen revidiert und neu getroffen werden. In der Integration werden also die Wege auf der neuen Landkarte ausgetestet und beschritten.

Mit der Transformation schließlich ist der ehemalige Messie auf einer neuen Stufe des Seins angelangt, hat sein Leben verändert und damit auch die Chaos-Problematik auf seine Weise gelöst. Er ist in der Vollendung seines Wandels. Die neue Landkarte ist somit maßgeblich, sie ist das neue Lebensbild, in dem neue Lösungen und Erfüllungen gefunden wurden. Der Mensch weiß nun, dass er immer wieder aufs Neue die Wahl hat, den einen oder den anderen Weg zu beschreiten.

Selbsthilfe vs. therapeutische Hilfe

Ich habe nun viel über die Arbeit mit meinen Klienten in der heilpraktischen psychotherapeutischen Praxis berichtet. Ein echtes Messie-Phänomen ist ohne therapeutische Hilfe schwer aufzulösen. Andererseits gilt die Bedeutung, die es hat, die eigene Mitte und die Erfüllung zu finden und im Gleichgewicht zu sein, um äußerem Chaos vorzubeugen, für uns alle.

Und auch der Weg in eine eventuelle Therapie führt nur über eine erste Selbsterkenntnis und den eigenen Leidensdruck. Wenn Sie, liebe Leserin oder lieber Leser, das Gefühl haben, mit dem Aufräumen nicht mehr hinterherzukommen, und selbst mit Hilfe klassischer Aufräumratgeber das Problem nicht lösen können, so stellen Sie sich die Frage, die ich hier in vielen Beispielen aufgeworfen habe: Welche Dinge gehören so eng zu mir, dass ich sie nicht loslassen kann, obwohl mein Verstand mir sagt, dass ich sie loslassen sollte? Kann es sein, dass ich mir längst mit all den Dingen um mich herum eine Höhle gebaut habe, die ich nicht wirklich verlassen möchte?

Ein guter Indikator ist auch der Umgang mit Zeit. Wir alle kennen das Problem, dass vieles, was wir gerne tun würden, am Zeitbudget scheitert. «Dafür habe ich keine Zeit» ist vermutlich einer der am häufigsten ausgesprochenen Sätze in unserem Alltag. Oft setzen wir dann bestimmte Prioritäten, was automatisch zur Vernachlässigung anderer Beschäftigungen führt. Wichtig wäre es jetzt, sich zu fragen, wie viel Steuerung wir hinsichtlich des Zeitproblems noch in der Hand haben. Nutzen wir zum Beispiel Dienstleistungen, um bestimmte Aufgaben und Verpflichtungen abzugeben und damit zu erledigen? Falls ja, ist das ein Zeichen dafür, dass Steuerung noch funktioniert. Erledigen wir Aufgaben, wenn dann doch einmal mehr Zeit vorhanden ist als erwartet? Auch das wäre ein guter Hinweis darauf, dass wir die Steuerung noch selbst in der Hand haben. Hier geht es um das, was wir neudeutsch als «Zeitmanagement» bezeichnen: Bin ich in der Lage, mich auf einzelne wichtige Vorgänge zu konzentrieren? Schaffe ich es, mich dabei gegen Einflüsse von außen abzuschotten und das zu erledigen, was mir am Herzen liegt?

Die Antworten auf solche Fragen sind wichtig, wenn wir damit ehrlich umgehen und nicht der Versuchung erliegen, uns die Situation ein wenig schönzureden. Auch eine eventuelle spätere Therapie lebt von der Ehrlichkeit sich selbst gegenüber. Aus diesem Grund fängt die Anamnese in der ersten Sitzung bei mir grundsätzlich mit der Frage an: Warum sind Sie hier, was ist der Grund des Besuches? Und dann kommt: Wie beschreiben Sie das Problem? Wie oder durch wen sind Sie zu mir gekommen? Wie sieht das berufliche Umfeld aus? Das familiäre Umfeld? Gibt es eine medizinische Vorgeschichte? Eine psychische Vorgeschichte? Welches sind die momentanen Stressfaktoren? Was möchten Sie erreichen?

Gerade bei Menschen, die eher von ihrem Umfeld dazu gedrängt wurden, sich bei mir zu melden, ist die erste Problemeinsicht häufig noch nicht vorhanden. Das «Ja, ich will» ist aber die wichtigste Voraussetzung dafür, zu einem echten Erfolg zu gelangen. Die Therapie stützt letztlich den Willen zur Selbsthilfe, es geht immer darum, «Stärken zu stärken und Erfüllung zu erlauben, um das Wollen zu erreichen». Dieser Ansatz nimmt auch den Druck vom Klienten, denn statt «Du musst dir alles erarbeiten!» lautet die Botschaft: «Du kannst alles sein, was du bist!» Wir legen die «Stärke» wieder frei, die im Menschen schlummert, aber unter all dem Seelenchaos genauso verschüttet ist wie der Fußboden in der Wohnung unter den zahllosen Sachen, die dort herumliegen.

Wenn diese Botschaft angekommen und akzeptiert worden ist, geht es darum, ein neues seelisches Gleichgewicht durch neue Erfüllung zu entwickeln. Der Klient muss wieder sagen können: «Hier bin ich. Ich liebe mich. Ich bin erfüllt. Und da ist die Umwelt.» Er muss also lernen, sich wieder gesund abzugrenzen und nicht ständig von außen geleitet zu reagieren. Symbolisch gesprochen muss sein durch all die Dinge, an die er sich gebunden hat, erweiterter Körper wieder auf den ursprünglichen physischen Leib zurückgeführt werden.

Diesen Weg kann jeder Mensch auch allein gehen, eine Begleitung ist aber in jedem Fall besser. Dieses Buch ist somit keine Anleitung. Es soll helfen, Erkenntnisprozesse zu fördern. Sich Fragen zu stellen, um festzustellen, wo die Zusammenhänge zwischen der häuslichen Unordnung und anderen Problemen in der Lebensführung sind. Es soll auch helfen, gegebenenfalls den Mut zu haben, sich professionelle Hilfe zu suchen. Denn schon der erste Schritt der Identifizierung des eigenen Problems kann Menschen schnell überfordern, sodass es erst gar nicht zur Differenzierung, Integration und Transformation kommt.

Daher mögen Sie dieses Buch gerne als Chance sehen, ganz privat oder auch mit Hilfe einer Therapie an Ihrem Wandlungsprozess zu arbeiten. Sie haben die Stärke dazu! Sie ist tief in Ihrem Inneren vorhanden! Sie haben den unbändigen Willen in sich, so wie damals als Kind, als Sie laufen gelernt haben! Sie tragen die Liebe zu sich selbst in sich! Lassen Sie sie frei!

ANHANG

GLOSSAR

Anamnese: Die Anamnese (von anámnēsis, «Erinnerung») ist das Erfragen oder Ermitteln von potenziell relevanten Informationen durch einen heilberuflich Tätigen und eine wichtige Voraussetzung für eine Diagnose. Sie ist in allen medizinischen Disziplinen von hoher Bedeutung und dient dazu, vor Beginn einer therapeutischen Behandlung alle relevanten Informationen vom Klienten zu erfragen. Dabei kann es sich um Vorerkrankungen handeln, um die familiäre Situation, um das Sexualverhalten, um die Einnahme von Medikamenten und viele andere Dinge, die für die Herangehensweise in der Therapie eine Rolle spielen können.

DSM-5: Abkürzung für «Diagnostic and Statistical Manual of Mental Disorders» (dt.: Diagnostischer und statistischer Leitfaden psychischer Störungen). Das DSM ist eines der wichtigen Klassifikationssysteme in der Psychiatrie. Das DSM-5 gilt seit Mai 2013, das ganze System wird in regelmäßigen Abständen überarbeitet, sodass in jeder neuen Version auch neue Krankheiten aufgenommen und alte gestrichen werden.

Hypnoanalyse: Hypnoanalyse ist eine tiefenpsychologische Analyse, die unter Hypnose stattfindet. Sie ist sinnvoll, wenn andere medizinische Maßnahmen versagt haben bzw. wenn die Symptome von Ängsten begleitet werden. Sie ist im Übrigen auch für Klienten erwägenswert, die darüber nachdenken, eine Psychotherapie zu machen. Denn oft genügt auch schon eine Hypnoanalyse, um das Symptom loszuwerden. Eine Hypnoanalyse dauert ca. acht bis zehn Sitzungen und wird je nach Thema wöchentlich oder kompakt an zwei aufeinanderfolgenden Tagen durchgeführt.

Hypnose: Siehe die Erläuterungen im Anschluss an das Glossar.

NLP: Abkürzung für «Neuro-Linguistisches Programmieren». Darunter versteht man verschiedene Kommunikationstechniken und Methoden, mit denen die Psyche des Menschen beeinflusst werden kann. Integriert werden bei NLP beispielsweise Konzepte aus der Gestalttherapie und auch aus der Hypnotherapie.

Osteopathie: Behandlungskonzept aus dem Bereich der Alternativmedizin. In der Osteopathie werden sämtliche Verfahren – sei es, um zu einem Befund zu gelangen, sei es eine therapeutische Maßnahme – mit den bloßen Händen des Behandlers ausgeführt. Daher werden parallel auch Begriffe wie «Manuelle Therapie» oder «Chiropraktik» benutzt. Ansatz der Osteopathie ist eine ganzheitliche Betrachtungsweise aller strukturellen Bestandteile unseres Körpers (Knochen, Muskeln, innere Organe, Nervensystem, Bindegewebe, Körperflüssigkeiten), die in enger Wechselbeziehung zueinander stehen. Solange ein Gleichgewicht der Strukturen und Flüssigkeiten besteht, ist der Organismus demnach gesund. Krankheitsursachen können traumatische Ereignisse (Unfälle, Infektionen, Operationen, Zahnbehandlungen, Geburtskomplikationen, psychische Traumata, unpassende Ernährungsgewohnheiten) sowie funktionelle Probleme der inneren Organe und Systeme sein. Symptome wie Schmerzen und Verspannungen zeigen sich aber häufig auch sekundär in anderen Regionen des Körpers. Bei Erwachsenen finden sich häufig chronische Beschwerden wie Migräne, Kieferprobleme und Beschwerden im Bauchbereich. Der Therapeut verknüpft die Vielfalt der Symptome miteinander und wirkt durch anschließende manuelle Behandlung der Körperstruktur des Patienten im Sinne einer Selbstkorrektur so auf seine Physiologie ein, dass der Körper wieder zu seiner normalen Funktion zurückfindet.

Pin-Point-Technik: Hier wird ein Problem der Gegenwart in der Vergangenheit aufgesucht. Es kann sein, dass der Klient mehrere Probleme beschreibt, auf die er auf verschiedene Weise emotional reagiert. Es werden dann nacheinander alle Probleme genannt, und wenn man beim letzten erinnerten Problem angekommen ist, wird dieses aufgelöst. Man fragt den Klienten, wer oder was dieses Problem lösen kann. Das kann der Vater, die Mutter, Bruder oder Schwester sein, es kann auch der Klient selber sein. Es werden dann alle Pin-Points bearbeitet und aufgelöst.

Psychiatrischer Notdienst, auch «Sozialpsychiatrischer Dienst»: Bietet Beratung und Hilfe für Menschen mit Verdacht auf eine akute Erkrankung der Psyche. Er reagiert sowohl auf Verlangen von Betroffenen als auch auf Verdachtsmomente von Freunden, Angehörigen und Bekannten.

PsychKG: Mit dieser Abkürzung werden die «Psychisch-Kranken-Gesetze» der einzelnen Bundesländer bezeichnet, die dazu dienen, psychisch kranken Menschen bei akuter Selbst- oder Fremdgefährdung mit der Einweisung in eine psychiatrische Klinik oder Abteilung zu helfen. Das kann in diesen Fällen auch gegen den Willen der Betroffenen erfolgen, um diese zu schützen.

Second Life: Eine seit 2003 bestehende virtuelle Parallelwelt, in der Menschen als sogenannte Avatare agieren können. Dort wird Handel getrieben und kommuniziert, und zeitweise nutzten viele Firmen das SL als Marketing-Plattform für ihre Produkte.

Seelenvertrag: Eine Form von Tauschgeschäft. Wir gehen ein solches Tauschgeschäft in belastenden Situationen unseres Lebens ein, um mit dem Schmerz oder dem Schock besser umgehen zu können. Wir erschaffen damit einen Schutz für das zukünftige Leben. Ein Beispiel: Um meinen Partner zu halten, tausche ich meine eigenen Bedürfnisse und Träume gegen Unterordnung und Mich-klein-Machen. Ich packe meine Energie und Freude weg und tausche sie gegen Anpassung. Der Vertrag ist damit: Ich erhalte meine Partnerschaft, egal was passiert, auch wenn ich damit meine eigenen Bedürfnisse nicht mehr leben kann.

Suggestion: Beeinflussung von Vorstellungen und Empfindungen beim Menschen, ohne dass dieser sie wahrnimmt. In der Hypnose wird Suggestion als unmittelbare Eingebung durch den Hypnotisierenden eingesetzt, um positive Effekte zu erzielen. Dies ist klar abzugrenzen von der negativen Konnotation des Begriffes, der beschreibt, wie Menschen mit suggestiven Einflüsterungen manipuliert werden können.

Symbiotische Verschmelzung: Die Psychoanalyse betrachtet die Symbiose zwischen Mutter und Kind als eine normale Entwicklungsphase. Im Jahr 1945 beschreibt der österreichisch-amerikanische Psychoanalytiker und Säuglingsforscher René Arpad Spitz die Symbiose in der Mutter-Kind-Beziehung, ähnlich später auch z. B. Margaret Mahler. Sie definiert den Beginn der symbiotischen Phase etwa im zweiten Lebensmonat, innerhalb der oralen Phase. In dieser Zeit ist das Kind körperlich und seelisch von der Mutter abhängig. Es kann noch nicht zwischen innen und außen unterscheiden, zwischen sich und Gegenständen, zwischen sich und der Mutter. Es erlebt die Mutter noch als Teil seiner Person, sich selbst als untrennbare, symbiotische Einheit mit ihr. Die Mutter muss sich in die Bedürfnisse des Kindes einfühlen, um für deren Befriedigung sorgen zu können, da sie dem Kind selbst noch nicht bewusst sind. Steht die Mutter dem Kind in der symbiotischen Phase angemessen zur Verfügung, kann es das grundlegende Sicherheitsgefühl und Urvertrauen entwickeln. Diese Beziehung zwischen Mutter und Kind bildet die Grundlage für spätere Beziehungen. Die symbiotische Phase löst sich bei gelungener Entwicklung im 5. bis 6. Monat. Die Selbstwerdung beginnt.

Time-Line: Diese Technik ist als therapeutisches Mittel bereits seit den siebziger Jahren durch die beiden Pioniere des Neurolinguistischen Programmierens (NLP) John Grinder und Richard Bandler bekannt. In den achtziger Jahren wurde sie durch Tad James in die Hypnosetherapie und damit in die Vorstellung der Zeitachse übernommen.

Übertragung: Begriff aus der Tiefenpsychologie und Psychoanalyse. Er beschreibt, wie Menschen alte, verdrängte Gefühle und Erwartungen aus der Kindheit in aktuelle soziale Beziehungen übertragen. Das kann im Leben der Klienten zu starken Spannungen mit ihrem Umfeld führen, die behandlungsbedürftige Probleme bereiten.

Unbewusstes: Der Begriff des Unbewussten ist mit Sigmund Freud und den von ihm beeinflussten Denkern populär geworden. (Es gab ihn allerdings auch schon früher …) Unter oder neben unserem Bewusstsein verortet er das Unbewusste, das große Teile unseres Verhaltens steuere. Freud unterscheidet zwischen bewusstseinsfähigem und «an sich und ohne weiteres» nicht bewusstseinsfähigem Unbewussten. Ersteres nennt er «vorbewusst». Volkstümlich wird dieser Teil des Unbewussten auch «Unterbewusstes» oder «Unterbewusstsein» genannt. Diese Begriffe sind aber umstritten.

HYPNOSEBEISPIELE

An dieser Stelle möchte ich zwei Musterbeispiele für Hypnosetexte für die Reise zur Seele vorstellen. Mit freundlicher Genehmigung von Sven Frank, Leiter des internationalen ICHP Instituts für Psychotherapie & Hypnose. Ich habe dort mein fünfjähriges Studium zur ICHP-diplomierten Hypnoanalytikerin erfolgreich abgeschlossen.

❑ Ich erkläre ausdrücklich, dass die Anwendung der Reisen zur Seele mit den hier vorgestellten Texten für Hypnose und Selbsthypnose ebenso wie auch alle anderen in meinem Buch vorgestellten Maßnahmen ohne eine fachlich qualifizierte Ausbildung nicht stattfinden sollten und also auf eigene Verantwortung geschehen würden. Denn es kann belastend sein, ohne fachliche Begleitung vielleicht Erinnerungen hervorzurufen, die nicht ohne Grund verdrängt und verborgen wurden. Die folgenden Beispiele dienen ausschließlich der Illustration und damit zum Abbau von Schwellenängsten vor dieser Methode.

❑ Weiterhin weise ich ausdrücklich darauf hin, dass zur Ausübung der Hypnose sowie für alle genannten therapeutischen Mittel unbedingt eine grundlegende und fundierte Ausbildung erforderlich ist.

Der weise alte Mann (wahlweise: Die weise alte Frau)

Ich möchte nun, dass du dir vorstellst, wie du in einer Mondnacht einen Pfad in den Bergen hinaufsteigst. Du steigst auf den Berg, um den weisen alten Mann zu finden, der in einer Höhle am Gipfel des Berges lebt. Der weise alte Mann kennt die Antwort auf alle Fragen des Lebens.

Und schaue auf den Weg, den du entlanggehst, und achte darauf, wie er sich unter deinen Füßen anfühlt und wie der Weg aussieht, wenn das Mondlicht auf ihn fällt. Und betrachte die dichte Vegetation auf beiden Seiten des Weges und gehe in dich. Und finde heraus, wie du dich jetzt fühlst, während du den Berg weiter hinaufsteigst, um den weisen alten Mann zu treffen.

Und vor dir siehst du jetzt eine Abzweigung. Das ist der Pfad, der zu der kleinen Lichtung führt, an die die Höhle des weisen Mannes grenzt. Und biege nun auf den kleinen Pfad ein und prüfe, worin er sich von dem Weg unterscheidet, auf dem du heraufgekommen bist.

Und nach kurzer Zeit macht der Pfad eine Biegung, doch zwischen den Bäumen hindurch kannst du schon den Schein des Feuers erkennen, das der weise alte Mann vor seiner Höhle entzündet hat. Und während du der Biegung folgst, siehst du bereits das Flackern der Flammen auf der Lichtung und den Eingang zur Höhle, in welcher der alte Mann lebt.

Und trete nun auf die Lichtung hinaus und gehe zum Feuer, und neben dem Feuer siehst du einen Stapel Brennholz. Lege nun Holz nach und setze dich an das Feuer, sodass du den Eingang der Höhle sehen kannst.

Gleich wird der weise alte Mann herauskommen und dich begrüßen. Und in der Zwischenzeit hat das Holz, das du nachgelegt hast, Feuer gefangen und es scheint hell bis zum Höhleneingang. Und schaue hinein, und schaue, was du in der Höhle des alten Mannes sehen kannst. Und in diesem Moment kommt der weise alte Mann aus der Höhle heraus.

Und beobachte ihn, während er auf dich zugeht. Wie sieht er aus? Welche Kleidung trägt er? Er kommt näher und setzt sich dir gegenüber, sodass du nun sein Gesicht aus der Nähe betrachten kannst. Wie fühlst du dich, während du ihm gegenübersitzt? Gibt es etwas Besonderes, das dir an ihm auffällt?

Gleich kommt der Moment, in dem du dem alten Mann deine Fragen stellen kannst. Er wird dir in Worten, mit Bildern, Gesten oder mit Gefühlen antworten. Wie auch immer er seine Antwort gibt: Stelle ihm jetzt deine Frage, oder vielleicht möchtest du einfach noch eine Weile bei ihm bleiben, um dich mit ihm zu unterhalten. Nimm dir alle Zeit, die du nun brauchst.

(Pause von zwei bis fünf Minuten)

Nun möchte ich, dass du selbst in die Rolle des weisen alten Mannes schlüpfst. Wie fühlt es sich an, so alt und weise zu sein? Wie verbringst du deine Tage hier oben in den Bergen? Was empfindest du deinem Besucher gegenüber? Gibt es etwas, das du ihm noch mitteilen möchtest? Wenn ja, dann tue das jetzt.

(Kurze Pause)

Kehre nun zu deiner eigenen Persönlichkeit zurück.

Bald ist es an der Zeit, sich von dem weisen alten Mann zu verabschieden, doch bevor du gehst, greift er in seinen Lederbeutel und wählt für dich ein Geschenk aus. Nimm es an. Und betrachte es genau. Was ist es, das speziell und ganz allein für dich ausgewählt wurde?

(Kurze Pause)

Und danke nun dem weisen alten Mann für sein Geschenk, verabschiede dich und mache dich entlang des Pfades auf den Weg zurück. Und schaue dich genau um und präge dir die Strecke genau ein, sodass du wiederkommen kannst, wann immer du möchtest. Und wenn du wieder auf die Weggabelung triffst, dann halte an. Und du schaust dir noch einmal dein Geschenk an. Betrachte es im Mondlicht, dieses Geschenk, das nur für dich ausgewählt wurde.

Und nun wirst du zu dem Geschenk. Wie fühlt es sich an, genau dieser Gegenstand zu sein? Mit welchen Eigenschaften kannst du deinem neuen Besitzer dienen?

(Kurze Pause)

Und werde nun wieder zu dir selbst. Betrachte noch einmal dein Geschenk und achte darauf, ob sich seine Bedeutung für dich verändert hat und, wenn ja, finde heraus, auf welche Weise.

Mache dich nun auf den Weg den Berg hinunter und nimm in deiner Erinnerung dein Geschenk mit. Und achte gut darauf und nimm die neue Erkenntnis mit dir zurück und nimm deine neuen Einsichten mit dir zurück.

Zurück ins Hier und Jetzt, zurück zum vollen Bewusstsein und ganz langsam und sanft kehrst du jetzt wieder in dein Wachbewusstsein zurück.

Kreative Hypnoseausleitung
Gut, ich zähle jetzt langsam von eins bis zehn, und während ich zähle, kehre du zurück zum vollen Bewusstsein, zurück ins Hier und Jetzt. Sobald ich bei zehn angekommen bin, öffnest du einfach deine Augen, und nimm dann einen tiefen Atemzug und strecke dich noch etwas.

Eins, weil du einzigartig bist, hast du die auch einzigartige Möglichkeit, dein Leben zu gestalten, denn alles im Leben hat

zwei Seiten, wobei hin und wieder zu einem Entweder-oder noch die Sichtweise Nummer **drei** dazukommt,

sodass du in allen **vier** Himmelsrichtungen positive Veränderungen finden kannst, bis die Lösung auf der Hand liegt und du dir

an allen **fünf** Fingern abzählen kannst, was als Nächstes zu tun ist.

Sechs hilft manchmal auch, zu entspannen und mit freiem Kopf Gedanken zu haben, aus denen das Unbewusste die richtigen aus**sieben** kann. Also ach**te** du auf die wunderbaren positiven Veränderungen, die sich dir in den nächsten Tagen und Wochen oder vielleicht gleich eröffnen, genieße du die **neun** Chancen und Möglichkeiten, die dich mit jedem weiteren Wort aufatmen und mit klarem vollen Bewusstsein und absoluter Wachheit die richtigen Entscheidungen treffen lassen, und – **zehn** – öffne jetzt deine Augen, nimm einen guten tiefen Atemzug, strecke dich noch etwas, wenn du möchtest, und lächele mir deine positiven Veränderungen entgegen.

Stoppen und Ersetzen

«Lenke deine Aufmerksamkeit jetzt auf die Atmung … nimm wahr, dass das eine Funktion ist, die automatisch passiert, sogar ohne dass du darüber nachdenken musst … so, wie dein Herz in deiner Brust schlägt … erlaube dir selbst, den Luftstrom entspannt einzuatmen und jede verbleibende Spannung in deinem Körper auszuatmen.

Ich frage mich, ob du die kleine Pause zwischen Ein- und Ausatmung erspüren kannst … vielleicht interessiert dich auch der Vergleich mit der anderen kleinen Pause zwischen deiner Ausatmung und deiner nächsten Einatmung … das ist gut.

Erlaube deinem Bewusstsein, sich zu dem Bereich deiner Oberlippe zu begeben, und werde dir immer mehr der fließenden, warmen und feuchten Luft an deinen Lippen und Nasenlöchern bewusst, während du ein- und ausatmest …

Hebe bitte einen Finger der linken Hand, wenn du dir dieser strömenden Luft bewusst bist … danke.

Und nun möchte ich, dass du während der folgenden 10 Atemzüge deine Atmung bewusst verlangsamst … zähle sie im Geiste …lass jeden Atemzug ein kleines bisschen länger, langsamer und tiefer sein als den vorherigen … so ist es richtig.

Gut gemacht!

Erlaube dir nun, selbst zu bemerken, dass dein Körper aufgrund dieses tiefen und gleichmäßigen Atmens zu entspannen beginnt, während die zahlreichen Muskeln in der Schulter, im Nacken, im Rücken und in den Beinen nach und nach alle Anspannung verlieren, die sie bis dahin hatten … hebe wieder den einen Finger, wenn du das spüren kannst … danke. Großartig!

Und während du das fühlst, tritt Entspannung ein … oft begleitet von einem Gefühl der Schwere in den Gliedmaßen … du darfst deinen Gedanken erlauben, nach innen zu gehen, da es dein tieferer, innerer Geist ist, mit dem wir uns beschäftigen wollen. Und so befindest du dich zunehmend in tiefer Entspannung, und das ist der Augenblick, um direkt zu deinem tiefer liegenden Unbewussten zu sprechen … ich ermutige dich, dir selbst zu erlauben, diese letzte, unangenehme Situation wieder in Erinnerung zu rufen, auf die du in einer Art und

Weise reagiert hast, die nicht zu deinem besten Nutzen war … sei dir der Impulse und der Schutzreaktionen bewusst, die wir in unserer vorherigen Sitzung besprochen haben … das ist richtig … Gut! Erlaube dir selbst, die Gefühle dieser Situation komplett zu durchleben … sieh, wie du sitzt, liegst, dort stehst … was dir passend erscheint … benutze all deine Sinne … erlaube deinen Gefühlen, sich dieses Mal, soweit es geht, zu verstärken … das ist gut!

Und jetzt … während du dieses Gefühl hast … visualisiere ein Zeichen in deinem Geiste, das STOPP bedeutet … es kann ein rotes Licht sein, ein Stoppzeichen, eine hochgehaltene Hand, eine Flagge und so weiter … wähle eins aus, das dir etwas bedeutet und das du wirklich mit STOPP in Verbindung bringst … hast du es? … das ist gut!

Und nun … während du noch immer die Gefühle spürst, mit denen du auf die Situation reagiert hast, möchte ich, dass du deinen eigenen Geist verbal aufforderst und sagst: «Dieses negative Denkmuster ist dieses Mal unpassend, es nützt mir nichts, ich BEFEHLE dir zu STOPPEN» … und dir dabei kontinuierlich das Stoppzeichen vorstellst, das du dir ausgesucht hast.

Jedes Mal, wenn du das tust, bekommst du mehr Zeit, um in einer Art und Weise auf die Situation zu reagieren, die dir nützlicher ist … denke hin und wieder mal über die Eigenschaften nach, die du gerne hättest, um die negativen Gedanken zu ERSETZEN, wie z. B. Gelassenheit, Zuversicht, ruhige Entschlossenheit und so weiter … jedes Mal, wenn du diesen Gedankenstopp anwendest, erscheint es dir einfacher, auf eine passendere Art und Weise zu reagieren … es wird schneller und einfacher, bis es automatisch passiert, und zuletzt werden dir jene Impulse bedeutungslos und du empfindest Befreiung von dieser Reaktion und ein Gefühl der Stärke durch diese Übung.

Nimm einen weiteren tiefen Atemzug … Gut gemacht!

Suggestion für die Zeit nach der Hypnose:
«Und solltest du dich nach dieser Sitzung ängstlich fühlen aufgrund der inneren Arbeit deines Geistes, so befiehlst du dir UMGEHEND, das mit einem passenden Bild zu STOPPEN, und du merkst, dass du fähig

bist, das mit deiner gewählten Eigenschaft, Vorbild, etc. zu ERSET-ZEN.

Beende die Trance.

LITERATUR

Boadella, David, Befreite Lebensenergie, München 1991.

Boyesen, Gerda, Über den Körper die Seele heilen, München 1987.

Boyesen, Gerda und Mona, Biodynamik des Lebens, Essen 1987.

Brown, Malcolm, Die heilende Berührung, Methode des direkten Körperkontaktes, Essen 1984.

Endres, Manfred und Gerd Biermann (Hg.), Traumatisierung in Kindheit und Jugend, München 2002.

Erikson, Erik H., Identität und Lebenszyklus. Frankfurt 1973.

Frank, Sven, Hypnosetherapie in der Praxis, Ein Lernbuch, Berlin, 2008.

Geißler, Peter, Analytische Körperpsychotherapie in der Praxis, Stuttgart 1998.

Grof, Stanislav, Topographie des Unbewussten, Stuttgart 1977.

Grof, Stanislav, Das Abenteuer der Selbstentdeckung, München 1987.

Grof, Stanislav und und Hal Zina Bennett, The Holotropic Mind: The Three Levels of Human Consciousness and How They Shape Our Lives, London 1993.

Helke, Wolfram, Körper, Seele, Geist wahrnehmen – die Personale Leibtherapie, Schaffhausen 2001.

Heller, Laurence und Aline LaPierre, Entwicklungstrauma heilen: Alte Überlebensstrategien lösen, München 2013.

Hoffmann-Axthelm, Dagmar, Schock und Berührung, SGBAT Reihe Körper & Seele, bei Oldenburg 1994.

Kingston, Karen, Feng Shui gegen das Gerümpel des Alltags: Richtig ausmisten – gerümpelfrei bleiben, Reinbek 2014.

Kohlberg, Lawrence, Development of moral character and moral ideology. In: M. L. Hoffman & L. W. Hoffman (Hg.), Review of child development research (Vol. 1, pp. 381–431). New York, 1964.

Kondo, Marie, Magic Cleaning: Wie richtiges Aufräumen Ihr Leben verändert, Reinbek 2013.

Kondo, Marie, Magic Cleaning 2: Wie Wohnung und Seele aufgeräumt bleiben, Reinbek 2014.

Krüger, Andreas, Powerbook – Erste Hilfe für die Seele, Hamburg 2011.

LeDoux, Joseph, Das Netz der Gefühle. Wie Emotionen entstehen, München 1998.

Levine, Peter A. und Ann Frederick, Trauma-Heilung, Das Erwachen des Tigers, Essen 1998.

Lowen, Alexander, Körperausdruck und Persönlichkeit, München 1981.

Lowen, Alexander, Bio-Energetik, Reinbek 1979.

Lowen, Alexander und Leslie, Bioenergetik für jeden, Übungshandbuch, München 1977.

Lukoff, David, From spiritual emergency to spiritual problem, in: Journal of Humanistic Psychology, 38/2 1998.

Marlock, Gustl und Halko Weiss, Handbuch der Körperpsychotherapie, Stuttgart 2006.

Rass, Eva, Bindung und Sicherheit im Lebenslauf, Psychodynamische Entwicklungspsychologie, Stuttgart 2011.

Reich, Wilhelm, Charakteranalyse, Köln 1971.

Revenstorf, Dirk (Hg.), Klinische Hypnose, Heidelberg 1990.

Revenstorf, Dirk, Hypnose. In: Schorr, A. (Hg.): Handwörterbuch der Angewandten Psychologie, Bonn 1993.

Revenstorf, Dirk und Burkhard Peter, Hypnose in Psychotherapie, Psychosomatik und Medizin, Heidelberg 2009.

Sollmann, Ulrich, Management by Körper, Körpersprache, Bioenergetik, Stressbewältigung, Reinbek 1999.

Svoboda, T.: Das Hypnosebuch, München 1984.

Te Wildt, Bert, Digital Junkies: Internetabhängigkeit und ihre Folgen für uns und unsere Kinder, München 2015.

Villoldo, Alberto, Das geheime Wissen der Schamanen, München 2001.

DANK

Ich widme dieses Buch meinem früheren (1988–1993) Musik-Manager Uli W., der mich das erste Mal auf das Messie-Phänomen hat aufmerksam werden lassen, mit dem ich aber in dieser Sache nie therapeutisch gearbeitet habe.

In meiner Praxis und in der fachpsychiatrischen Pflege begegnete mir im Laufe der vielen Jahre immer wieder dieses Phänomen, und ich durfte mit meinen Klienten zusammen meine Form der Therapie und des Verständnisses finden. Ich danke hier besonders meinen Klienten für ihr Vertrauen in meine Arbeit.

Nachdem ich 2010 bis 2013 das TV-Format «Das Messie-Team» moderiert und viele Klienten für diese Sendung habe begleiten und betreuen dürfen, wurde mir bewusst, dass ich dieses Thema in einem Buch ausführlicher beschreiben muss, um die vielen Unverständlichkeiten aufzuklären. Ich danke meinem Team, den Produzenten und vor allem Dennis Karl.

Dieses Buch konnte ich schreiben, weil mich viele liebe Menschen in meinem Lebensweg und der therapeutischen Ausbildung bestärkt und unterstützt haben.

Ganz besonderen Dank sage ich an dieser Stelle Frau Professor Dr. Waltraud Kruse, die mir Ende der siebziger Jahre den Einstieg in die Psychotherapie geebnet hat durch das Erlernen des autogenen Trainings und der Hypnose. Für meinen folgenden späteren therapeutischen Ausbildungsweg und das Studium der Hypnose waren und sind Sven Frank und sein ICHP Institut für Psychotherapie und Hypnose für mich wichtig. Ich danke Sven Frank ebenfalls dafür, dass ich seine Hypnose-Texte sowie die Informationen und Hintergründe zur Hypnose, die ich täglich in meiner Praxis anwende, für dieses Buch benutzen durfte.

Weitere intensive Erkenntnisse für meine Arbeit mit diesem Phänomen, die mit in dieses Buch eingeflossen sind, verdanke ich Amina, Michael, Julie und Alberto von den Four Winds.

Natürlich habe ich meinem Co-Autor Carsten Tergast zu danken, mit dem ich angeregte Diskussionen führte, damit dieses Thema in der Tiefe verständlich wird.

Ein sehr großer Dank geht an Henrike Jarosz, eine gute Freundin und ambitionierte Studentin diverser Sprachen, die dafür Sorge trug, dass meine Ausdrucksweisen aus meinen verschiedenen Welten in diesem Buch in Einklang gebracht wurden. Sie hat damit außerordentlich dazu beigetragen, dass dieses Buch fertig geworden ist.

Zu danken habe ich auch meinem Verlag Rowohlt und ganz besonders meinem Lektor Frank Strickstrock für sein Vertrauen und die Geduld bei der Entstehung dieses Buches. Viele Jahre bin ich immer wieder in Reinbek am Rowohlt Verlag vorbeigefahren, und immer habe ich den Wunsch ans Universum gerichtet, hier einmal zu veröffentlichen. Dass es jetzt geschieht, finde ich ergreifend.

Ein besonderer Dank geht natürlich an meine Familie, meine Eltern und Geschwister für das wunderbare Erkennen meines Selbst und damit die Unterstützung aller Lebenswege. An meinen Lebenspartner Mario und Tochter Leona, die immer Verständnis haben, wenn ich mit meinen Projekten beschäftigt bin. An meine Bandmitglieder Thomas, Peter, Gerd und Crew sowie alle Metal-Fans und alle meine engen Freunde, die mir im Leben den tollsten Ausgleich der Welt verschaffen. Danke für alle Erkenntnisse im Rock 'n' Roll des Lebens. Danke an Schrödey und Robert «Ozzy» F., B. D. und an Lemmy Kilmister, the «God of Rock 'n' Roll». R. I. P., Lemmy!

Mein wichtigster Dank allerdings geht an meinen vierbeinigen Partner – Therapiehund Timmy –, der mich seit 2010 auf allen meinen Wegen begleitet.

Marie Kondo
Das große Magic-Cleaning-Buch

«Die Unordnung im Zimmer entspricht der Unordnung im Herzen», sagt ein japanisches Sprichwort. Marie Kondo, japanischer Aufräum-Guru, weiß das und hat das Leben von Millionen Menschen weltweit verändert. Das Geheimnis ihrer Methode: sich auf die Dinge zu konzentrieren, die man mag, und die anderen loszuwerden. Ihre Schritt-für-Schritt-Anleitungen helfen beim Aufräumen von Kleidung, Schuhen, Büchern und Papieren, Kochutensilien, nervigem Kleinkram und sogar Dingen mit sentimentalem Wert. Außerdem zeigt sie, wie wir perfekt Schränke organisieren und durch die richtige Ordnung in unseren Wohnzimmern, Küchen oder Büros tatsächlich glücklicher werden können.

320 Seiten

Sb 125/1

Weitere Informationen finden Sie unter www.rowohlt.de